谢作黎　曾宣伟　主编

走近丰子恺100课

下

群言出版社
QUNYAN PRESS
·北京·

图书在版编目（CIP）数据

走近丰子恺 100 课 . 下册 / 谢作黎，曾宣伟主编 . --
北京：群言出版社，2022.9
ISBN 978-7-5193-0718-9

Ⅰ. ①走… Ⅱ. ①谢… ②曾… Ⅲ. ①素质教育－初中－教学参考资料 Ⅳ. ①G631

中国版本图书馆 CIP 数据核字（2022）第 048574 号

责任编辑：张文斌
封面设计：李士勇

出版发行：群言出版社
地　　址：北京市东城区东厂胡同北巷 1 号（100006）
网　　址：www.qypublish.com（官网书城）
电子信箱：qunyancbs@126.com
联系电话：010-65267783　65263836
法律顾问：北京法政安邦律师事务所
经　　销：全国新华书店

印　　刷：北京九天鸿程印刷有限责任公司
版　　次：2022 年 9 月第 1 版
印　　次：2022 年 9 月第 1 次印刷
开　　本：787mm × 1092mm　1/16
印　　张：13
字　　数：180 千字
书　　号：ISBN 978-7-5193-0718-9
定　　价：79.80 元

《走近丰子恺100课》编委会

顾　问　章胜阔　王德平　杨子耘　董建生

主　编　谢作黎　曾宣伟

副主编　金　静　朱植珊

编　者　（按姓氏音序排列）

陈金兵　陈　静　陈　娜　丁　阳　高　蕾

胡丹弘　胡蘅蘅　倪伟娣　孙　静　沈恬恬

汪湖瑛　王纯丛　翁　楠　姚　珏　袁恩东

2020年9月22日，国家天文台将1998年11月9日在兴隆观测站发现的一颗小行星正式命名为“丰子恺星”，国际永久编号为79811。能够获得小行星命名是世界公认的一项特殊荣誉，这是社会对丰子恺先生艺术思想、文化成就、卓越贡献和人格魅力的高度褒奖。

丰子恺先生是中国现代著名散文家、画家、书法家、翻译家和美术、音乐教育家，也是中国新文化运动的启蒙者之一。他是浙江嘉兴桐乡石门镇人，而祖籍则是金华市婺城区汤溪镇黄堂村。1996年，丰先生的女儿丰一吟等人回祖籍地，归宗黄堂。

2013年，一所九年一贯制学校（金华市金西丰子恺学校）在汤溪镇诞生，当时隶属省一级重点中学汤溪中学管理。2018年，学校独立设置，由上海新纪元教育集团管理，更名为上海新纪元金华丰子恺学校。此次更名意在从当地名人文化资源中汲取营养，坚定学校特色发展之路，体现学校勇担文化传承的责任与使命，也寄托了一种教育愿景——用丰子恺先生作品的光芒照亮每一个孩子前行的道路，让作品中的美与精神成为信息化时代孩子们心中永恒的温暖星空。

学校以丰子恺先生“努力惜春华”一画题为校训，以“一馆一轩两社100课”架构丰子恺文化特色课程。“一馆”即丰子恺纪念馆，投资80万元，占地近300平方米；“一轩”即丰雅轩，是学校图书馆及教师研习所；“两社”即丰子恺书画社和丰子恺文学社，是培养学生兴趣和特长的平台；“100课”即本课程，分上中下三册，分别供一至三年级、四至六年级、七至九年级学生使用。

本课程采用融入式课程理念进行编写，将丰子恺作品与中小学语文、美术、音乐、道德与法治等课程中的内容建立起意义连接，选择适当的知识点，再根据学生的认知规律和经验构建学习转化体系。这个过程既强化了国家课程（义务教育教科书）的学习功能，又使校本课程的学习获得了生长的空间和血液。

本书所引丰子恺先生文章均依据浙江文艺出版社和浙江教育出版社于1990年出版的《丰子恺文集》作了统一校订。本书编写工作量浩大，限于编者水平，不足之处在所难免，敬请批评指正。本书的编写得到丰子恺先生后人杨子耘等的帮助和支持，在此一并致谢！

目录 CONTENTS

第1课

惜 春

读朱自清的《春》，想想描写了春天怎样的画面？是否回忆起自己在春天的特殊经历？以“春天”为主题，搜集描写春天的古诗词、文章、画作等，摘录在笔记本上。

学习活动

春

丰子恺

春是多么可爱的一个名词！自古以来的人都赞美它，希望它长在人间。诗人，特别是词客，对春爱慕尤深。试翻词选，差不多每一页上都可以找到一个春字。后人听惯了这种话，自然地随喜附和，即使实际上没有理解春的可爱的人，一说起春也会觉得欢喜。这一半是春这个字的音容所暗示的。“春！”你听，这个音读起来何等铿锵而惺忪可爱！这个字的形状何等齐整妥帖而具足对称的美！这么美的名字所隶属的时节，想起来一定很可爱。好比听见名叫“丽华”的女子，想来一定是个美人。

然而实际上春不是那么可喜的一个时节。我积三十六年之经验，深知暮春以前的春天，生活上是很不愉快的。

梅花带雪开了，说道是漏泄春的消息。但这完全是精神上的春，实际上雨雪霏霏，北风烈烈，与严冬何异？所谓迎春的人，也只是瑟缩地躲在房栊内，战栗地站在屋檐下，望望枯枝一般的梅花罢了！

再迟个把月罢，就像现在：惊蛰已过，所谓春将半了。住在都会里的朋友想象此刻的乡村，足有画图一般美丽，连忙写信来催我写春的随笔。好像因为我偎傍着春，惹他们妒忌似的。其实我们住在乡村间的人，并没有感到快乐，却生受了种种的不舒服：寒暑表[①]激烈地升降于三十六度至六十二度[②]之间。一日之内，乍暖乍寒。暖起来可以想起都会里的冰淇淋，寒起来几乎可见天然冰，饱尝了所谓"料峭"[③]的滋味。天气又忽晴忽雨，偶一出门，干燥的鞋子往往拖泥带水归来。"一春能有几番晴"是真的；"小楼一夜听春雨"其实没有什么好听，单调得很，远不及你们都会里的无线电的花样繁多呢。春将半了，但它并没有给我们一点舒服，只教我们天天愁寒，愁暖，愁风，愁雨。正是"三分春色二分愁，更一分风雨"！

春的景象，只有乍寒、乍暖、忽晴、忽雨是实际而明确的。此外虽有春的美景，但都隐约模糊，要仔细探寻，才可依稀地见到，这就是所谓"寻春"罢？有的说"春在卖花声里"，有的说"春在梨花"，又有的说"红杏枝头春意闹"，但这种景象在我们这枯寂的乡村里都不易见到。即使见到了，肉眼也不易认识。总之，春所带来的美，少而隐；春所带来的不快，多而确。诗人词客似乎也承认这一点，春寒、春困、春愁、春怨，不是诗词中的常谈么？不但现在如此，就是再过个把月，到了清明时节，也不见得一定春光明媚，令人极乐。倘又是落雨，路上的行人将要"断魂"[④]呢。

可知春徒有其名，在实际生活上是很不愉快的。实际，一年中最愉快的时节，是从暮春开始的。就气候上说，暮春以前虽然大体逐渐由寒向暖，但变化多端，始终是乍寒，乍暖，最难将息的时候。到了暮春，方才冬天的影响完全消灭，而一路向暖。寒暑表上的水银爬到temperate〔温和〕上，正是气候最temperate的时节。就景色上说，春色不须寻找，有广大的绿野青山，慰人心目。古人词云："杜宇一声春去，树头无数青出。"原来山要到春去的时候方才全青，而惹人注目。我觉得自然景色中，青草与白雪是最伟大的现象。造物者描写"自然"这幅大画图时，对于春红、秋艳，都只是略蘸些胭脂、朱磦，轻描淡写。到了描写白雪与青草，他就毫不吝惜颜料，用刷子蘸了铅粉、藤黄和花青而大块地涂抹，使屋屋皆白，山山皆青。这仿佛是米派山水[⑤]的点染法，又好像是Cézanne[塞尚][⑥]风景画的"色的块"，何等泼辣的画风！而草色青青，连天遍野，尤为和平可亲、大公无私。花木有时被关闭在私人的庭园里，吃了园丁的私刑而献媚于绅士淑女之前。草则到处自生自长，不择贵贱高下。人都以为花是春的作品，其实春工不在花枝，而在于草。看花的能有几人？草则广泛地生长在大地的表面，普遍地受大众的欣赏。这种美景，是早春所见不到的。那时候山野中枯草遍地，满目憔悴之色，看了令人不快。必须到了暮春，枯草尽去，才有真的青山绿野的出现，而天地为之一新。一年好景，无过于此时。自然对人的恩宠，也以此时为最深厚了。

讲求实利的西洋人⑦，向来重视这季节，称之为May（五月）。May是一年中最愉快的时节，人间有种种的娱乐，即所谓May–queen（五月美人）、May–pole（五月彩柱）、May–games（五月游艺）等。May这一个字，原是“青春”、“盛年”的意思。可知西洋人视一年中的五月，犹如人生中的青年，为最快乐、最幸福、最精彩的时期。这确是名副其实的。但东洋人⑧的看法就与他们不同：东洋人称这时期为暮春，正是留春、送春、惜春、伤春，而感慨、悲叹、流泪的时候，全然说不到乐。东洋人之乐，乃在“绿柳才黄半未匀”的新春，便是那忽晴、忽雨、乍暖、乍寒、最难将息的时候。这时候实际生活上虽然并不舒服，但默察花柳的萌动，静观天地的回春，在精神上是最愉快的。故西洋的“May”相当于东洋的“春”。这两个字读起来声音都很好听，看起来样子都很美丽。不过May是物质的、实利的，而春是精神的、艺术的。东西洋文化的判别⑨，在这里也可窥见。

一九三四年三月十二夜十时

（节选自《丰子恺文集·文学卷一》）

【注释】

①寒暑表：一种家用温度计，常用于测量气温。

②三十六度至六十二度：这里指的是华氏温度，相当于约2摄氏度至17摄氏度。

③料峭：形容微寒，多指春风中还有寒意。

④“断魂”：暗指诗句“路上行人欲断魂”中描绘的情致。

⑤米派山水：宋代山水画流派之一，米芾所创，其特点在于用水墨点染的方法来描绘烟云掩映的山川景色。

⑥塞尚：法国著名画家，“印象主义的坚实派”，被西方现代画家称为“现代艺术之父”，推崇“色彩丰富到一定程度，形也就成了”。

⑦西洋人：泛指西方人。

⑧东洋人：泛指东方人。

⑨判别：不同之处。

活动一 大声朗读全文，圈画作者表达对春天感受的词句，填写下面的表格。

感受	暮春以前	暮春及以后
东洋人		
西洋人		
东西洋文化的区别		

活动二 文章开头说“春是多么可爱的一个名词”，到结尾却说“东西洋文化的判别，在这里也可窥见”，写作思路格外跳跃。请你简要梳理分析作者的写作思路，把下面的空格补充完整。

春天是可爱的——（　　）——暮春是最愉快的——（　　）——东西洋文化对春的观念是不同的

活动三 试着与朱自清的《春》比较阅读，完成下面的表格。写法上你更喜欢哪一篇？说说你的理由。

比较内容	主要内容	写作角度
朱自清《春》	春草图，__①__，__②__，__③__，人物图	__④__
丰子恺《春》	春天是可爱的但在生活上是不愉快的，暮春是愉快的但是感伤的	__⑤__

学习拓展

惜　春

丰子恺

我握笔为这杂志写这篇随笔的时候，但念不多天之前刚刚写了一篇赞颂初生的杨柳的文章，现在柳条早已婆娑委地，杨花也早已开始飘荡，觉得时光的过去真快得可惊！这其间一个多月的时光，我不知干了些什么？这一点近感便是我得这篇随笔的本意。题目不妨写作“惜时光”。但现在的时光是春天，也不妨写作“惜春”。

回忆自己的学生时代，最快乐的时间是假期。……放假的一天，我背了这只宽紧带结成的无形大袋子而欣然地回家。回到半年不见的家里，觉得样样新鲜，暂把这无形的大袋搁一搁再说。初到的几天因为路途风霜，当然完全休息。后来多时不见的姑母来作客了，母亲热诚地招待她，假期中的我当然奉陪，闲谈几天。后来姑母邀请我去作客，母亲说我年年出门求学，难得放假回家，至亲至眷应该去访问访问，我一去就是四五天乃至六七天。回家又应该休息几天。后来，天气太热，中了暑发些轻痧，竹榻上一困又是几

天。病起又休息几天。本镇有戏文，当然去看几天。戏文场上遇见几位小学时代的同学，多时不见，留着款待几天。送往了同学，迎来了一年不见的二姐，姐丈，和外甥们，于是杀鸡置酒，大家欢聚半个月乃至二十天。二姐回家时带了我去，我这回作客一去又是四五天乃至六七天。回家当然又是休息几天。屈指一算，离暑假开学已经只有十来天了。横竖如此，这十来天索性闲玩过去吧。到了开学的前一天，我整理行装，看见于假前所记录着的一纸假期工作表，所准备着的一束假期应读的书，所选定着的假期中拟制之玩具的说明图，都照携回家时的原样放置在网篮里，搁置在书桌旁的两只长凳上，上面积着厚厚的一层灰尘。蹉跎的懊恼和乐尽的悲哀交混在我的心头，使我感到一种不可名状的不快。次日带了这种不快而辞家到校，重新开始那囚犯似的学校生活。

这样的经验反复了数次……我经验了几次如意算盘的失败之后，才知道凡事须靠现在努力工作……我自己青年时代没有好好地受教育，年长后常感知识不全之苦。

……我此生中的青年已经过去，无法挽回，只有借了惜春的题目，在这里痛惜一下算了。假如这些话能给正在青年期的读者们一些警励，那便似以前在假期中看完了几部小说，好像得了一笔意外的收入，格外愉快。

（节选自《丰子恺文集·文学卷一》）

活动一 阅读丰子恺的《惜春》(有删节)，欣赏丰子恺漫画《努力惜春华》，并与其《春》一文进行比较，说一说两篇文章背后的丰子恺具有怎样的情怀。

第2课

学 画

读过《从百草园到三味书屋》，我们感受到鲁迅童年的学习生活。你童年时期有没有学画或学琴等经历？回味这些学习过程对你现在有没有什么影响。再看看丰子恺先生的“学习生活”吧。

学习活动

学画回忆

丰子恺

假如有人探寻我儿时的事，为我作传记或讣启[①]，可以为我说得极漂亮：“七岁入塾即擅长丹青[②]。课余常摹古人笔意，写人物图，以为游戏。同塾年长诸生竞欲乞得其作品而珍藏之，甚至争夺殴打。师闻其事，命出画观之，不信，谓之曰：‘汝真能画，立为我作至圣先师孔子像！不成，当受罚。’某从容研墨伸纸，挥毫立就，神颖哗然。师弃戒尺于地，叹曰：‘吾无以教汝矣！’遂装裱其画，悬诸塾中，命诸生朝夕礼拜焉。于是亲友竞乞其画像，所作无不维妙维肖。……”百年后的人读了这段记载，便会赞叹道：“七岁就有作品，真是天才，神童！”

朋友来信要我写些关于儿时学画的回忆的话。我就根据上面的一段话写些吧。上面的话都是事实，不过欠详明些，宜解释之如下……

明天早上我到塾，先生翻出画谱中的孔子像，对我说：“你能看了样画一个大的吗？”我没有防到先生也会要我画起画来，有些“受宠若惊”的感觉，支吾地回答说“能”。其实我向来只是“印”，不能“放大”。这个“能”

字是被先生的威严吓出来的。说出之后心头发一阵闷，好像一块大石头吞在肚里了。先生继续说："我去买张纸来，你给我放大了画一张，也要着色彩的。"我只得说"好"。同学们看见先生要我画画了，大家装出惊奇和羡慕的脸色，对着我看。我却带着一肚皮心事，直到放假。

放假时我夹了书包和先生交给我的一张纸回家，便去向大姐商量。大姐教我，用一张画方格子的纸，套在画谱的书页中间。画谱纸很薄，孔子像就有经纬格子范围着了。大姐又拿缝纫用的尺和粉线袋给我在先生交给我的大纸上弹了大方格子，然后向镜箱中取出她画眉毛用的柳条枝来，烧一烧焦，教我依方格子放大的画法。那时候我们家里还没有铅笔和三角板、米突尺，我现在回想大姐所教我的画法，其聪明实在值得佩服。我依照她的指导，竟用柳条枝把一个孔子像的底稿描成了；同画谱上的完全一样，不过大得多，同我自己的身体差不多大。我伴着了热烈的兴味，用毛笔钩出线条；又用大盆子调了多量的颜料，着上色彩，一个鲜明华丽而伟大的孔子像就出现在纸上。店里的伙计，作坊里的司务，看见了这幅孔子像，大家说："出色！"还有几个老妈子，尤加热烈地称赞我的"聪明"和画的"齐整"，并且说"将来哥儿给我画个容像③，死了挂在灵前，也沾些风光。"我在许多伙计、司务和老妈子的盛称声中，俨然④地成了一个小画家。但听到老妈子要托我画容像，心中却有些儿着慌。我原来只会"依样画葫芦"的！全靠那格子放大的枪花⑤，把书上的小画改成为我的"大作"；又全靠那颜色的文饰，使书上的线描一变而为我的"丹青"。格子放大是大姐教我的，颜料是染匠司务给我的，归到我自己名下的工作，仍旧只有"依样画葫芦"。如今老妈子要我画容像，说"不会画"有伤体面；说"会画"将来如何兑现？且置之不答，先把画缴给先生去。先生看了点头。次日画就粘贴在堂名匾下的板壁上。学生们每天早上到塾，两手捧着书包向它拜一下；晚上散学，再向它拜一下。我也如此。

（节选自《丰子恺文集·文学卷一》）

【注释】

①讣启：报丧的通知。

②丹青：丹即朱砂，青指石青（即蓝铜矿），都是中国古绘画中常用的颜色。因此，古称绘画艺术为丹青。

③容像：容貌，此处指遗像。

④俨然：很像。

⑤枪花：比喻手段、方法。

活动一 阅读上文，填表梳理先生要“我”画孔子像、老妈子要“我”画容像时的情形，并回答你觉得作者现在还有这种感受吗？

人物	要求	应对结果	心理感受
先生	画一个大的孔子像	①	②
老妈子	画容像	③	④

活动二 结合上文，阅读下列材料，谈谈你对丰子恺学画经历的看法。

1925年，《子恺漫画》出版了，中国终于有了第一本漫画集。20世纪30年代，丰子恺的画遍及大街小巷，馄饨店、理发店，车夫脚夫，小商小贩手里都是，人人喜闻乐见。朱自清谈到丰子恺的画说：“我们都爱你的漫画有诗意，一幅幅漫画，就如一首首小诗——带核儿的小诗。你将诗的世界东一鳞西一爪地揭露出来，我们就像吃橄榄似的，老觉着那味儿。”

学习拓展

阅读下面的丰子恺《艺术的效果》选段，思考学画等活动对人生成长的影响。

……

我们平日对于人生自然，因为习惯所迷，往往不能见到其本身的真相。惟有在艺术中，我们可以看见万物的天然的真相。例如我们看见朝阳，便想道，这是教人起身的记号。看见田野，便想道，这是人家的不动产。看见牛羊，便想道，这是人家的畜牧。看见苦人，便想道，他是穷的原故。在习惯中看来，这样的思想原是没有错误的；然而都不是这些事象的本身的真相。

因为除去了习惯，这些都是不可思议的现象，岂可如此简单地武断？

朝阳，分明是何等光明灿烂，神秘伟大的自然现象！岂是为了教人起身而设的记号？田野，分明是自然风景之一部分，与人家的产业何关？牛羊，分明自有其生命的意义，岂是为给人杀食而生？穷人分明是同样的人，为什么偏要受苦呢？原来造物主创造万物，各正性命，各自有存在的意义，当初并非为人类而造。

……

画中的朝阳，庄严伟大，永存不灭，才是朝阳自己的真相。画中的田野，有山容水态，绿笑红颦，才是大地自己的姿态。美术中的牛羊，能忧能喜，有意有情，才是牛羊自己的生命。诗文中的贫士、贫女，如冰如霜，如玉如花，超然于世故尘网之外。这才是人类本来的真面目。

第3课

缘缘堂

日本侵华战争给中国人民带来了永远的伤痛，课文端木蕻良《土地的誓言》就表达了作者对国土沦丧带来的愤懑压抑之情，以及对故乡的深深眷恋。那么“缘缘堂”呢它给我们带来了怎样的情感？

学习活动

还我缘缘堂[①]

丰子恺

晚快章桂从萍乡城里拿邮信回来，递给我一张明片，严肃地说：“新房子烧掉了！”我看那明片是二月四日上海裘梦痕寄发的。信片上有一段说：“一月初上海新闻报载石门湾缘缘堂已全都焚毁，不知尊处已得悉否”；下面又说：“近来报纸上常有误载，故此消息是否确凿不得而知。”此信传到，全家十人和三个同逃难来的亲戚，齐集在一个房间里聚讼起来，有的可惜橱里的许多衣服，有的可惜堂上新置的桌凳。一个女孩子说：“大风琴和打字机最舍不得。”一个男孩子说：“秋千架和新买的金鸡牌脚踏车最肉痛。”我妻独挂念她房中的一箱垫锡器和一箱垫磁器。她说：“早知如此，悔不预先在秋千架旁的空地上掘一个地洞埋藏了，将来还可去发掘。”……我离家后一日在途中闻知石门湾失守，早把缘缘堂置之度外，随后陆续听到这地方四得四失，便想象它已变成一片焦土，正怀念着许多亲戚朋友的安危存亡，更无余暇去怜惜自己的房屋了。况且，沿途看报某处阵亡数千人，某处被敌虐杀数百人，像我们全家逃出战区，比较起他们来已是万幸，身外之物又何足惜！我虽老弱，但只要不转乎沟壑，还可凭五寸不烂之笔来对抗暴敌，我的前途尚有希望，我决不为房屋被焚而伤心，不但如此，房屋被焚了，在我反觉轻快，此犹破釜沉舟，断绝后路，才能一心向前，勇猛精进。

然而黄昏酒醒，灯孤人静，我躺在床上时，也不免想起石门湾的缘缘堂来。此堂成于中华民国二十二年，距今尚未满六岁。形式朴素，不事雕琢而高大轩敞。正南向三开间，中央铺方大砖，供养弘一法师[②]所书《大智度论·十喻赞》，西室铺地板为书房，陈列书籍数千卷。东室为饮食间，内通平屋三间为厨房、贮藏室及工友的居室。前楼正寝为我与两儿女的卧室，亦有书数千卷。西间为佛堂，四壁皆经书。东间及后楼皆家人卧室。五年以来，我已同这房屋十分稔熟。现在只要一闭眼睛，便又历历地看见各个房间中的陈设，连某书架中第几层第几本是什么书都看得见，连某抽斗[③]（儿女们曾统计过，我家共有一百二十五只抽斗）中藏着什么东西都记得清楚。现在这所房屋已经付之一炬，从此与我永诀了！

我曾和我的父亲永诀，曾和我的母亲永诀，也曾和我的姐弟及亲戚朋友们永诀，如今和房子永诀，实在值不得感伤悲哀。故当晚我躺在床里所想的不是和房子永诀的悲哀，却是毁屋的火的来源。吾乡于中华民国二十六年十一月六日，吃敌人炸弹十二枚，当场死三十二人，毁房屋数间。我家幸未死人，我屋幸未被毁。后于十一月二十三日失守，失而复得，得而复失，失而复得，得而复失……

于是我的思想达到了一个结论：缘缘堂已被毁了。倘是我军抗战的炮火所毁，我很甘心！堂倘有知，一定也很甘心，料想它被毁时必然毫无怨怖之色和凄惨之声，应是蓦地参天，蓦地成空，让我神圣的抗战军安然通过，向前反攻的。倘是暴敌侵略的炮火所毁，那我很不甘心，堂倘有知，一定更不甘心。料想它被焚时，一定发出喑呜叱咤之声："我这里是圣迹所在，麟凤所居。尔等狗彘（zhì）豺狼胆敢肆行焚毁！亵渎[④]之罪，不容于诛！应着尔等赶速重建，还我旧观，再来伏法！"

无论是我军抗战的炮火所毁，或是暴敌侵略的炮火所毁，在最后胜利之日，我定要日本还我缘缘堂来！东战场、西战场、北战场，无数同胞因暴敌侵略所受的损失，大家先估计一下，将来我们一起同他算帐！

（节选自《丰子恺文集·文学卷二》）

【注释】

①缘缘堂：位于丰子恺的故乡浙江省桐乡县石门湾。始建于1932—1933年，1937年末缘缘堂被侵华日军炸毁。1933年至1937年间，丰子恺间或往返于沪杭等地，大部分时间住在缘缘堂专事著译，完成近20部作品，这是他创作生涯的黄金时代。1938年2月，流亡在江西萍乡的丰子恺得悉缘缘堂被炸毁消息后，奋笔疾书《还我缘缘堂》《告缘缘堂在天之灵》《辞缘缘堂》等文章，愤怒斥责日本侵略军的残暴行径。“缘缘堂”不仅是丰子恺的现实家园，更是他的精神家园。他不仅几次撰文描述缘缘堂，还将自己的文章一再以缘缘堂的名义结集出版，如《缘缘堂随笔》《缘缘堂再笔》《缘缘堂新笔》和《缘缘堂续笔》。

②弘一法师：即李叔同，著名音乐家、美术教育家、书法家、戏剧活动家，是中国话剧的开拓者之一。歌曲《送别》为其作词。他从日本留学归国后，担任过教师、编辑之职，39岁在杭州虎跑定慧寺出家剃度为僧，法名演音，号弘一，晚号晚晴老人，后被人尊称为弘一法师。他是丰子恺的老师。

③抽斗：抽屉。

④亵渎：轻慢；冒犯，不恭敬。

活动一 回忆是个技术活。作者是怎样回忆缘缘堂的？请结合内容简要分析。

活动二 得到缘缘堂被焚毁的消息，作者内心充满了什么样的情感？

学习拓展

告缘缘堂在天之灵

丰子恺

你是我安息之所。你是我的归宿之处。我正想在你的怀里度我的晚年，我准备在你的正寝里寿终。谁知你的年龄还不满六岁，忽被暴敌所摧残，使我流离失所，从此不得与你再见！

犹记得我同你相处的最后的一日：那是去年十一月六日，初冬的下午，芭蕉还未凋零，长长的叶子要同粉墙争高，把浓重的绿影送到窗前。忽然，砰的一声，你的数百块窗玻璃齐声叫喊起来。这分明是有炸弹投在石门湾的市内了，然我还是犹豫未信。我想，这小市镇内只有四五百份人家，都是无辜的平民，全无抗战的设备。即使暴敌残忍如野兽，炸弹也很费钱，料想他们是不肯滥投的，谁知没有响完，又是更响的两声，轰！轰！你的墙壁全部发抖，你的地板统统跳跃，桌子上的热水瓶和水烟筒一齐翻落地上。这两个炸弹投在你后门口数丈之外！这时候我家十人准备和你同归于尽了。因为你在周围的屋子中，个子特别高大，样子特别惹眼，是一个最大的目标。我们也想离开了你，逃到野外去。然而窗外机关枪声不断，逃出去必然是寻死的。

与其死在野外，不如与你同归于尽，所以我们大家站着不动，幸而炸弹没有光降到你身上。东市南市又继续砰砰地响了好几声，两架敌机在市空盘旋了两个钟头，方才离去。事后我们出门探看。东市烧了房屋，死了十余人，中市毁了凉棚，也死了十余人。你的后门口数丈之外，躺着五个我们的邻人。有的脑浆迸出，早已殒命。有的呻呻叫喊，伸起手来向旁人说："救救我呀！"公安局统计，这一天当时死三十二人，相继而死者共有一百余人。残生的石门湾人疾首蹙额地互相告曰："一定是乍浦登陆了，明天还要来呢，我们逃避吧！"是日傍晚，全镇逃避一空。有的背了包裹步行入乡，有的扶老携幼，搭小舟入乡。四五百份人家门户严扃[①]，全镇顿成死市。我正求船不得，南沈浜的亲戚蒋氏兄弟一齐赶到并且放了一只船来。我们全家老幼十人就在这一天的灰色的薄幕中和你告别，匆匆入乡。大家以为暂时避乡，将来总得回来的。谁知这是我们相处的最后一日呢？

（节选自《丰子恺文集·文学卷二》）

【注释】

①扃：jiōng，从外面关闭门户用的门闩、门环等。

活动一 朗读文章，体例作者情感。

第4课

启 蒙

课文鲁迅的《阿长与〈山海经〉》，让我们感受到鲁迅童年的美术启蒙教育。今天，让我们一起来了解丰子恺先生童年时期美术学习的经历。

学习活动

（一）视觉的粮食

丰子恺

世间一切美术的建设与企图，无非为了追求视觉的慰藉①。视觉的需要慰藉，同口的需要食物一样，故美术可说是视觉的粮食。人类得到了饱食暖衣，物质的感觉满足以后，自然会进而追求精神的感觉——视觉——的快适。故从文化上看，人类不妨说是“饱暖思美术”的动物。

就中最有力地抽发我的美术研究心的萌芽的，要算玩具与花灯。

我们向江北人买几个红沙泥烧料的阴文②的模型，和一块黄泥（或者自己去田里挖取一块青色的田泥，印出来也很好看），就可自由印塑。我曾记得，这种红沙泥模型只要两文钱一个。有弥勒佛像，有观世音像，有关帝像，有文昌像，还有孙行者、猪八戒、蚌壳精、白蛇精各像，还有猫、狗、马、象、宝塔、牌坊……等种种模型。我向母亲讨得一个铜板，可以选办五种模型，和一大块黄泥（这是随型附送，不取分文的），拿回家来制作许多的小雕塑。明天再讨一个铜板，又可以添办五种模型。积了几天，我已把江北人担子所有的模型都买来，而我的案头就像罗汉堂一般陈列着种种的造像了。

我记得，这只江北船离了我们的石门湾之后，不久又开来了一只船，这船里也挑上一担红沙泥模型来，我得知了这个消息之后，立刻去探找，果然被我找到，而且在这担子上发见了许多与前者不同的新模型。我的欢喜不可名状！恐怕被人买光，立刻筹集巨款，把所有的新模型买了回来。又热心地从事塑造。案头充满了焦黄的泥像，我觉得单调起来。就设法办得铅粉和胶水，用洗净的旧笔为各像涂饰。又向我们的染坊作场里讨些洋红洋绿来，调入铅粉中，在各像上施以种种的色彩。更进一步，我觉得单靠江北船上供给的模型，终不自由。照我的游戏欲的要求，非自己设法制造模型不可。我先用黏土作模型，自己用小刀雕刻阴文的物象，晒干，另用湿黏土塑印。然而这尝试是失败的：那黏土制的模型易裂，易粘，雕的又不高明，印出来的全不足观。失败真是成功之母！

有一天，计上心来：我用洋蜡烛[③]油作模型，又细致，又坚韧，又滑润，又易于奏刀。材料虽然太费一点，但是刻坏了可以熔去再刻，并不损失材料。刻成了一种物象，印出了几个，就可把这模型熔去，另刻别的物象。这样，我只要牺牲半支洋蜡烛，便可无穷地创作我的浮雕，谁说这是太费呢。这时候我正在私塾读书。这种雕刻美术在私塾里是同私造货币一样地被严禁的。我不能拿到塾里去弄，只能假后回家来创作。因此荒废了我的《孟子》的熟读。

（节选自《丰子恺文集·艺术卷三》）

【注释】

①慰藉（jiè）：安慰。

②阴文：器物或印章上所雕铸或所镌刻的凹下的文字或花纹。

③洋蜡烛：用西洋方法制成的蜡烛。

（二）阿长与《山海经》

鲁　迅

这四本书[①]，乃是我最初得到，最为心爱的宝书。

书的模样，到现在还在眼前。可是从还在眼前的模样来说，却是一部刻印都十分粗拙的本子。纸张很黄；图像也很坏，甚至于几乎全用直线凑合，连动物的眼睛也都是长方形的。但那是我最为心爱的宝书，看起来，确是人面的兽；九头的蛇；一脚的牛；袋子似的帝江②；没有头而"以乳为目，以脐为口"，还要"执干戚③而舞"的刑天④。

此后我就更其搜集绘图的书，于是有了石印的《尔雅音图》和《毛诗品物图考》，又有了《点石斋丛画》和《诗画舫》。《山海经》也另买了一部石印的，每卷都有图赞，绿色的画，字是红的，比那木刻的精致得多了。这一部直到前年还在，是缩印的郝懿行⑤疏。木刻的却已经记不清是什么时候失掉了。

（节选自鲁迅《阿长与〈山海经〉》）

【注释】

①书：指《山海经》。

②帝江：《山海经》中能歌善舞的神鸟。

③执干戚：拿着盾、斧。干，盾牌。戚，一种像斧的古代兵器。

④刑天：《山海经》中的神话人物。

⑤郝懿行（1757—1825）：字兰皋，山东栖霞人，清代经学家。著有《尔雅义疏》《山海经笺疏》及《易说》《春秋说略》等。

活动一 红沙泥模型成为作者童年心爱的玩具，作者曾说"曾经给我的视觉以何等的慰藉，给我的心情以何等热烈的兴奋"。阅读相关内容，说说此玩具带给了作者童年怎样的心理体验。

活动二 填写下表，比较丰子恺与鲁迅童年爱好，思考对他们后来发展的影响。

作者	爱好的内容	主要做法	后期影响	结论
丰子恺	购买、试做印模	①____	以中西融合画法创作的漫画别具一格，反映现实，充满幽默，富有哲理，极受国人欢迎。他是著名现代画家、美术教育家、漫画家。	②____
鲁迅	搜集绘图的书	购买收集	一生热衷绘画，收藏古代石刻拓片、西洋东洋画册、木刻作品，终生偏爱版画，尤其木刻。	

学习拓展

对于丰子恺沉迷于模型制作而耽误熟读《孟子》，如果你是他的先生或母亲，你会采取怎样的态度？结合下面两则材料，自选角度说说你的理解。

材料一：因此荒废了我的《孟子》的熟读。我记得，曾经为此吃先生的警告和母亲的责备。终于不得不疏远这种美术而回到我的《孟子》里。

——丰子恺《视觉的粮食》

材料二：你永远无法想象，在孩子小小的脑袋中，究竟装着对这个世界怎样的好奇，对艺术美学怎样的理解。

第5课

阿 庆

只要你稍加留意，人们日常谈论的大都是关于“有钱”“当官”的人和事。其实现实生活中，更多的是普通的小人物。试着长时间观察身边一个普通小人物的生活，也许你也会有意外的感悟和收获。

学习活动

阿 庆

丰子恺

我的故乡石门湾虽然是一个人口不满一万的小镇，但是附近村落甚多，每日上午，农民出街做买卖，非常热闹。

卖柴，要称斤两，要找买主。农民自己不带秤，又不熟悉哪家要买柴。于是必须有一个“柴主人”。他肩上扛着一支大秤，给每担柴称好分量，然后介绍他去卖给哪一家。柴主人熟悉情况，知道哪家要硬柴，哪家要软柴，分配各得其所。卖得的钱，农民九五扣到手，其余百分之五是柴主人的佣钱。农民情愿九五扣到手，因为方便得多，他得了钱，就好扛着空扁担入市去买物或喝酒了。

我家一带的柴主人，名叫阿庆。此人姓什么，一向不传，人都叫他阿庆。阿庆是一个独身汉，住在大井头的一间小屋里，上午忙着称柴，所得佣钱，足够一人衣食，下午空下来，就拉胡琴。他不喝酒，不吸烟，唯一的嗜好①是拉胡琴。他拉胡琴手法纯熟，各种京戏他都会拉。当时留声机还不普遍流行，就有一种人背一架有喇叭的留声机来卖唱，听一出戏，收几个钱。商店里的人下午空闲，出几个钱买些精神享乐，都不吝惜。这是不能独享的，许多人旁听，在出钱的人并无损失。阿庆便是旁听者之一。但他的旁听，不仅是享乐，竟是学习。他听了几遍之后，就会在胡琴上拉出来。足见他在音乐方面，天赋独厚。

夏天晚上，许多人坐在河沿上乘凉。皓月当空，万籁无声。阿庆就在此时大显身手。琴声宛转悠扬，引人入胜。浔阳江头的琵琶[②]，恐怕不及阿庆的胡琴。中国的胡琴，构造比小提琴简单得多。但阿庆演奏起来，效果不亚于小提琴，这完全是心灵手巧之故。有一个青年羡慕阿庆的演奏，请他教授。阿庆只能把内外两弦上的字眼——上尺工凡六五乙仕[③]——教给他。此人按字眼拉奏乐曲，生硬乖异[④]，不成腔调。他怪怨胡琴不好，拿阿庆的胡琴来拉奏，依旧不成腔调，只得废然而罢。记得西洋音乐史上有一段插话：有一个非常高明的小提琴家，在一只皮鞋底上装四根弦线，照样会奏出美妙的音乐。阿庆的胡琴并非特制，他的心手是特制的。

笔者曰：阿庆孑然一身[⑤]，无家庭之乐。他的生活乐趣完全寄托在胡琴上。可见音乐感人之深，又可见精神生活有时可以代替物质生活。

（节选自《丰子恺文集·文学卷二》）

【注释】

①嗜好：特殊的爱好。

②浔阳江头的琵琶：典故出自白居易的《琵琶行》。

③上尺工凡六五乙仕：工尺谱中用于表示音高（同时也是唱名）的基本符号。工尺谱是中国传统的记谱法之一，因用合、四、一、上、尺、工、凡、六、五、乙等字记写唱名而得名。现代一般改用简谱或五线谱。

④乖异：反常，不和谐。

⑤孑然一身：孤零零一个人。

活动一 第4段中青年学琴的事例是否显得多余？请简要说明你的理解。

活动二 你怎么理解阿庆拉胡琴的嗜好？

活动三 谈谈你对“阿庆的胡琴并非特制，他的心手是特制的”一句的理解。

学习拓展

在杨绛写的《老王》中，老王也是孤苦一人，一厢情愿视“我”如友，最后只能孤独地死去。阿庆也是孤苦一人，满腔痴心视琴如伴，却快乐地生活着。你更倾向于谁的人生选择？

第6课

人力车夫

阅读老舍《骆驼祥子》，我们了解了车夫骆驼祥子的独特人生。丰子恺先生也有写车夫的文章，一起来读《两场闹》《车厢社会》等文章，感知他对社会的观察与思考。

学习活动

（一）两场闹

丰子恺

忽闻窗外的街道上起了一片吵闹之声。我不由地抛却我的书，离开我的沙发，倒屣往窗前探看。对门是一个菜馆，我凭在窗上望下去，正看见菜馆的门口，四辆人力车作带模样停在门口的路旁，四个人力车夫的汗湿的背脊，花形地环列在门口的阶沿石下，和站在阶沿石上的四个人的四顶草帽相对峙。中央的一个背脊伸出着一只手，努力要把手中的一支钱交还一顶草帽，反复地在那里叫：

"这一点钱怎么行？拉了这许多路！"

草帽下也伸出一只手来，跟了说话的语气而指挥：

"讲到廿板一部，四部车子，给你二角三十板，还有啥话头？"

他的话没有说完，对方四个背脊激动起来，参参差差地嚷着：

"兜大圈子到这里，我们多两里路啦；这一点钱哪里行！"

另一顶草帽下面伸出一只手来，点着人力车夫的头，谆谆地开导：

"不是我们要你多跑路！修街路你应该知道，你吃甚么饭的？"

“这不来，这不来！”

人力车夫口中讲不出理，心中着急，嚷着把盛钱的手向四顶草帽底下乱送，想在他们身上找一处突出的地方交卸了这一支不足的车钱。但四顶草帽反背着手，渐渐向门内退却，使他无法措置。我在上面代替人力车夫着急，心想草帽的边上不是颇可置物的地方么，可惜人力车夫的手腕没有这样高。

正难下场的时候，另一个汗湿的背脊上伸出一个长头颈来，换了一种语调，帮他的同伴说话：

“先生！一角钱一部总要给我们的！这铜板换了两角钱吧！先生，几个铜板不在乎的！”

同时他从同伴的手中取出铜板来擎起在一顶草帽前面，恳求他交换。这时三顶草帽已经不见，被包围的一顶草帽伸手在袋中摸索，冷笑着说：

“讨厌得来！喏，喏，每人加两板！”

他摸出铜板，四个背脊同时退开，大家不肯接受，又同声地嚷起来。那草帽乘机跨进门槛，把八个铜板放在柜角上，指着了厉声说：

“喏，要末来拿去，勿要末歇，勿识相的！”

一件雪白的长衫飞上楼梯，不见了。门外四个背脊咕噜咕噜了一回，其中一个没精打彩地去取了柜角上的铜板，大家懒洋洋地离开店门。咕噜咕噜的声音还是继续着。

（节选自《丰子恺文集·文学卷一》）

（二）骆驼祥子

老　舍

茶还没有沏来，老车夫的头慢慢的往下低，低着低着，全身都出溜下去。大家马上都立了起来：“怎啦？怎啦？”说着，都想往前跑。“别动！”茶馆掌柜的有经验，拦住了大家。他独自过去，把老车夫的脖领解开，就地扶起来，用把椅子戗[①]在背后，用手勒着双肩：“白糖水，快！”……糖水刚放在老车夫的嘴边上，他哼哼了两声。还闭着眼，抬起右手——手黑得发亮，象漆过了似的——用手背抹了下儿嘴。“喝点水！”掌柜的对着他耳朵说。

“啊？”老车夫睁开了眼，看见自己是坐在地上，腿蜷了蜷，想立起来。

“先喝点水，不用忙。”掌柜的说，松开了手。大家几乎都跑了过来。“哎！哎！”老车夫向四围看了一眼，双手捧定了茶碗，一口口的吸糖水。慢慢的把糖水喝完，他又看了大家一眼：“哎，劳诸位的驾！”说得非常的温柔亲切，绝不像是由那个胡子拉碴的口中说出来的。说完，他又想往起立，过去三四个人忙着往起搀他。他脸上有了点笑意，又那么温和地说：“行，行，不碍！我是又冷又饿，一阵儿发晕！不要紧！”他脸上虽然是那么厚的泥，可是那点笑意教大家仿佛看到一个温善白净的脸。

大家似乎全动了心。那个拿着碗酒的中年人，已经把酒喝净，眼珠子通红，而且此刻带着些泪：“来，来二两！”等酒来到，老车夫已坐在靠墙的一把椅子上。他有一点醉意，可是规规矩矩的把酒放在老车夫面前：“我的请，您喝吧！我也四十望外了，不瞒您说，拉包月就是凑合事，一年是一年的事，腿知道！再过二三年，我也得跟您一样！您横是快六十了吧？”

“还小呢，五十五！”老车夫喝了口酒。“天冷，拉不上座儿。我呀，哎，肚子空；就有几个子儿我都喝了酒，好暖和点呀！走在这儿，我可实在撑不住了，想进来取个暖。屋里太热，我又没食，横是晕过去了。不要紧，不要紧！劳诸位哥儿们的驾！”

这时候，老者的干草似的灰发，脸上的泥，炭条似的手，和那个破帽头与棉袄，都象发着点纯洁的光，如同破庙里的神像似的，虽然破碎，依然尊严。大家看着他，仿佛唯恐他走了。祥子始终没言语，呆呆的立在那里。听到老车夫说肚子里空，他猛的跑出去，飞也似又跑回来，手里用块白菜叶儿托着十个羊肉馅的包子。一直送到老者的眼前，说了声：吃吧！然后，坐在原位，低下头去，仿佛非常疲倦。

“哎！”老者象是乐，又象是哭，向大家点着头。“到底是哥儿们哪！拉座儿，给他卖多大的力气，临完多要一个子儿都怪难的！”

……

（节选自老舍《骆驼祥子》）

【注释】

①戗：qiàng，支撑。

活动一　上文(一)(二)中的人力车夫形象有何共同点？从车夫身上，你体味到了什么？请试着比较。

学习拓展

车厢社会

丰子恺

不说车厢社会里的琐碎的事，但看各人的坐位，已够使人惊叹了。同是买一张票的，有的人老实不客气地躺着，一人占有了五六个人的位置。看见找寻坐位的人来了，把头向着里，故作鼾声，或者装作病了，或者举手指点那边，对他们说“前面很空，前面很空”。和平谦虚的乡下人大概会听信他的话，让他安睡，背着行李向他所指点的前面去另找“很空”的位置。有的人教行李分占了自己左右的两个位置，当作自己的卫队。若是方皮箱，又可当作自己的茶几。看见找坐位的人来了，拼命埋头看报。对方倘不客气地向他提出：“对不起，先生，请把你的箱子放在上面了，大家坐坐！”他会指着远处打官话拒绝他：“那边也好坐，你为什么一定要坐在这里？”说过管自看报了。和平谦让的乡下人大概不再请求，让他坐在行李的护卫中看报，抱着孩子向他指点的那边去另找“好坐”的地方了。有的人没有行李，把身子扭转来，教一个屁股和一支大腿占据了两个人的坐位，而悠闲地凭在窗中吸烟。他把大乌龟壳似的一个背部向着他的右邻，而用一支横置的左大腿来拒远他的左邻。这大腿上面的空间完全归他所有，可在其中从容地抽烟，看报。逢到找寻坐位的人来了，把报纸堆在大腿上，把头钻出窗外，只作不闻不见。还有一种人，不取大腿的策略，而用一册书和一个帽子放在自己身旁的坐位上。找坐位的人倘来请他拿开，就回答他说“这里有人”。和平谦虚的乡下人大概会听信他，留这空位给他那“人”坐，扶着老人向别处去另找坐位了。找不到坐位时，他们就把行李放在门口，自己坐在行李上，或者抱了小孩，扶了老人站在WC①的门口。查票的来了，不干涉躺着的人，以及用大腿或帽子占坐位的人，却埋怨坐在行李上的人和抱了小孩扶了老人站在WC门口的人阻碍了走路，把他们骂脱几声。

在车厢社会里，但看坐位这一点，已足使我惊叹了。何况其他种种的花样。总之，凡人间社会里所有的现状，在车厢社会中都有其缩图。故我们乘火车不必看书，但把车厢看作人间世的模型，足够消遣②了。

前天同一位朋友从火车上下来，出车站后他对我说了几句新诗似的东西，我记忆着。现在抄在这里当做结尾：

人生好比乘车：
有的早上早下，
有的迟上迟下，
有的早上迟下，
有的迟上早下。
上了车纷争坐位，
下了车各自回家。
在车厢中留心保管你的车票，
下车时把车票原物还他。

（节选自《丰子恺文集·文学卷一》）

【注释】

①WC：盥洗室，厕所。

②消遣：消磨，排遣，寻找感兴趣的事来打发空闲，消闲解闷。

对照《车厢社会》里描绘的情形，有人说，丰子恺对在旅店巧遇的这场争执抱着看热闹的态度，你怎么看？

第7课

陋　巷

想一想，《论语》中孔子与颜回的对话文字，表达了怎样的人生态度；想一想，刘禹锡在《陋室铭》中又表达了怎样的人生态度。这对今天的人们来说，又具有哪些意义？

学习活动

陋　巷

丰子恺

杭州的小街道都称为巷。这名称是我们故乡所没有的。我幼时初到杭州，对于这巷字颇注意。我以前在书上读到颜子[①]“居陋巷，一箪食，一瓢饮”的时候，常疑所谓“陋巷”，不知是甚样的去处。……及到了杭州，看见了巷的名称，才在想象中确定颜子所居的地方，大约是这种巷里。

……

第三次我到这陋巷，是最近一星期前的事。这回是我自动去访问的。M先生[②]照旧孑然一身[③]地隐居在那陋巷的老屋里，两眼照旧描着坚致有力的线而炯炯发光，谈笑声照旧愉快。只是使我惊奇的，他的深黑的须髯已变成银灰色，渐近白色了。我心中浮出“白发不能容宰相，也同闲客满头生”之句，同时又悔不早些常来亲近他，而自恨三年来的生活的堕落。现在我的母亲已死了三年多了，我的心似已屈服于“无常”[④]，不复如前之悲愤，同时我的生活也就从颓唐中爬起来，想对“无常”作长期的抵抗了。我在古人诗词中读到“笙歌归院落，灯火下楼台”，“六朝旧时明月，清夜满秦淮”，“白头宫女在，闲坐说玄宗”等咏叹无常的文句，不肯放过，给它们翻译为画。以前曾寄两幅给M先生，近来想多集些文句来描画，预备作一册《无常画集》。我就把这点意思告诉他，并请他指教。他欣然地指示我许多可找这种题材的佛经和诗文集，又背诵了许多佳句给我听。最后他翻然地说道：“无常就是常。无常容易画，常不容易画。”我好久没有听见这样的话了，怪不得生活异常苦闷。他这话把我从无常的火宅中救出，使我感到无限的清凉。当时我想，我画了《无常画集》之后，要再画一册《常画集》。《常画集》不须请他作序，因为自始至终每页都是空白的。这一天我走出那陋巷，已是傍晚时候。岁暮的景象和雨雪充塞了道路。我独自在路上彷徨⑤，回想前年不问价钱跨上黄包车那一回，又回想二十年前作了几小时傀儡而解放出来那一会，似觉身在梦中。

（节选自《丰子恺文集·文学卷一》）

【注释】

①颜子：即颜回（公元前521年—公元前481年），春秋末期鲁国思想家，孔门七十二贤之首。十四岁拜孔子为师，终生师事之，是孔子最得意的门生。孔子对颜回称赞最多，赞其好学仁人。

②M先生：马一浮先生，浙江会稽（今浙江绍兴）人，中国现代思想家、诗人和书法家。

③孑然一身：孤零零一个人。

④无常：佛教名词，指世间一切万法无一常住不变，因此说“无常”。

⑤彷徨：走来走去，犹疑不决，不知往哪个方向去。

活动一 “他这话把我从无常的火宅中救出，使我感到无限的清凉。”你怎么理解这句话？

活动二 作者用大量笔墨写M先生，为什么却取题目为“陋巷”？

活动三 你怎么理解M先生所说的“无常就是常。无常容易画，常不容易画”？请用文中的相关内容来谈谈。

学习拓展

乔布斯，他就是一个极简生活的倡导者。他的服装搭配总是黑T恤和牛仔裤，经常只吃一种食物，在家里几乎没有装修和家具，在他不到三十岁的时候，一个朋友到他家里，发现屋里只有一张爱因斯坦的照片、一盏Tiffany桌灯、一把椅子和一张床。苹果旗下的产品也在传导这种生活方式，品类极少，设计也极为简单，但却改变和颠覆了我们的世界。

从刘禹锡的《陋室铭》，到乔布斯的极简生活，你是怎么理解的？

第8课

母　亲

以“回忆母亲”为主题的文章很多。阅读丰子恺《我的母亲》及朱德《回忆我的母亲》等文章，感受母亲形象。你可以用哪些词语来形容自己的母亲呢？

学习活动

我的母亲

丰子恺

我四岁时，父亲中了举人，同年祖母逝世，父亲丁艰[①]在家，郁郁不乐，以诗酒自娱，不管家事，丁艰终而科举废，父亲就从此隐遁。这期间家事店事，内外都归母亲一人兼理。我从书堂出来，照例走向坐在西北角里的椅子上的母亲的身边，向她讨点东西吃吃。母亲口角上表出慈爱的笑容，伸手除下挂在椅子头顶的“饿杀猫篮”[②]，拿起饼饵给我吃；同时眼睛里发出严肃的光辉，给我几句勉励。

我九岁的时候，父亲遗下了母亲和我们姐弟六人，薄田数亩和染坊店一间而逝世。我家内外一切责任全部归母亲负担。此后她坐在那椅子上的时间愈加多了。工人们常来坐在里面的凳子上，同母亲谈家事；店伙们常常坐在外面的椅子上，同母亲谈店事；父亲的朋友和亲戚邻人常常坐在对面的椅子上，同母亲交涉或应酬。我从学堂里放假回家，又照例走向西北角里的椅子边，同母亲讨个铜板。有时这四班人同时来到，使得母亲招架不住，于是她用了眼睛的严肃的光辉来命令，警戒，或交涉；同时又用了口角上的慈爱的笑容来劝勉，抚爱，或应酬。

我十七岁离开母亲，到远方求学。临行的时候，母亲眼睛里发出严肃的光辉，诫告我待人接物求学立身的大道；口角上表出慈爱的笑容，关照我起居饮食一切的细事。她给我准备学费，她给我置备行李，她给我制一罐猪油炒米饭，放在我的网篮里；她给我做一个小线板，上面插两只引线放在我的箱子里，然后送我出门。放假归来的时候，我一进店门，就望见母亲坐在西北角里的八仙椅子上。她欢迎我归家，口角上表出慈爱的笑容，她探问我的学业，眼里发出严肃的光辉。晚上她亲自上灶，烧些我所爱吃的菜蔬给我吃，灯下她详询我的学校生活，加以勉励，教训，或责备。

我廿二岁毕业后，赴远方服务。每次归家，依然看见母亲坐在西北角里的椅子上，眼睛里发出严肃的光辉，口角上表出慈爱的笑容。她像贤主一般招待我，又像良师一般教训我。

我三十岁时，弃职归家，读书著述奉母。母亲还是每天坐在西北角里的八仙椅子上，眼睛里发出严肃的光辉，口角上表出慈爱的笑容。只是她的头发已由灰白渐渐转成银白了。

我三十三岁时，母亲逝世。我家老屋西北角里的八仙椅子上，从此不再有我母亲坐着了。然而我每逢看见这只椅子的时候，脑际一定浮出母亲的坐像——眼睛里发出严肃的光辉，口角上表出慈爱的笑容。她是我的母亲，同时又是我的父亲。她以一身任严父慈母之职而训诲我抚养我，从我呱呱坠地[③]的时候直到三十三岁，不，直到现在。陶渊明诗云："昔闻长者言，掩耳每不喜。"我也犯这个毛病，我曾经全部接受了母亲的慈爱，但不会全部接受她的训诲。所以现在我每次在想像中瞻望母亲的坐像，对于她口角上的慈爱的笑容觉得十分感谢，对于她眼睛里的严肃的光辉，觉得十分恐惧。这光辉每次给我以深刻的警惕和有力的勉励。

（节选自《丰子恺文集·文学卷一》）

【注释】

①丁艰：即丁忧，亦称丁家艰。指遭逢父母丧事。

②饿杀猫篮：是一种有盖的竹篮，菜碗放在这样的篮中，悬挂在屋子顶上吊下来的钩子上，猫想偷吃却是吃不到的。因此土话叫"饿杀猫篮"。

③呱（gū）呱坠地：形容婴儿出生或事物问世。

活动一 线索是作者组织材料的思路在文章中的反映，是贯穿于全文的脉络。阅读时正确把握线索，就能准确地理解、剖析文章。以本文为例，试着分析其线索，并说说其作用。

活动二 关键词句重复出现，有时是塑造人物形象的一种方法。请结合上文简要分析。

活动三 文章按照时间顺序，从四岁写到三十三岁，分析一下这样写有什么好处？

学习拓展

回忆我的母亲

朱　德

……

母亲现在离我而去了，我将永不能再见她一面了，这个哀痛是无法补救的。母亲是一个平凡的人，她只是中国千百万劳动人民中的一员，但是，正是这千百万人创造了和创造着中国的历史。我用什么方法来报答母亲的深恩呢？我将继续尽忠于我们的民族和人民，尽忠于我们的民族和人民的希望——中国共产党，使和母亲同样生活着的人能够过快乐的生活。这是我能做到的，一定能做到的。

（节选自朱德《回忆我的母亲》）

同样是回忆母亲，丰子恺与朱德的两篇文章在写法上有何不同？

第9课

视 界

尝试长时期观察一盆花草，写一写你的观察所得。有兴趣的同学可以完成一个生活实验：对照着一幅花草画，种养一盆相同的实物，进行对比观察、欣赏、感悟。

学习活动

（一）

从梅花说到艺术

丰子恺

“寻常一样窗前月，才有梅花便不同。”不同在于何处？我们只能感到而不能说出。但仅乎像吃糖一般地感到一下子甜，而无以记录站在窗前所切实地经验的这微妙的心情，我们总不甘心。于是就有聪明的人出来，煞费苦心地设法表现这般心情。这等人就是艺术家，他们所作的就是艺术。

对于窗前的梅花，在我们只能观赏一下，至多低徊感叹一下。但在宋朝的梅花画家杨无咎，处处是杰作的题材；在词人姜白石，可为《暗香》《疏影》的动机。我们看了梅花的横幅，读了《暗香》《疏影》，往往觉得比看到真的梅花更多微妙的感动，于此可见艺术的高贵！我有时会疏慢地走过篱边，而曾不注意于篱角的老梅；有时虽注意了，而并无何等浓烈的感兴。但窗间的横幅，可在百忙之中牵惹我的眼睛，使我注意到梅的清姿。可见凡物一入画中便会美起来。梅兰竹菊，实物都极平常。试看：真的梅树不过是几条枯枝；真的兰叶不过是一种大草；真的竹叶散漫不足取；真的菊花与无名的野花也没有什么大差。经过了画家的表现，方才美化而为四君子①。梅花受世人的青眼②，全靠画家的提拔。

我自己便是一个实例。我幼年时候，看见父亲买兰花供在堂前，心中常是不解他的用意。在我看来，那不过是一种大草，种在盆里罢了，怎么值得供在堂前呢？后来年纪稍长，有一天偶然看见了兰的画图，觉得其浓淡肥瘦、交互错综的线条，十分美秀可爱，就恍然悟到了幼时在堂前见惯的"种在盆里的大草"。自此以后，我看见真的兰花，就另眼看待而特别注意，结果觉得的确不错，于是"盆里的大草"就一变而为"王者之香"了，世间恐怕不乏我的同感者呢。

（节选自《丰子恺文集·艺术卷二》）

【注释】

①四君子：明代黄凤池辑有《梅竹兰菊四谱》，从此，梅、兰、竹、菊被称为"四君子"，成为中国传统文化的题材，世人常用"四君子"来寓意圣人高尚的品德。其文化寓意为：梅，探波傲雪，高洁志士；兰，深谷幽香，世上贤达；竹，清雅澹泊，谦谦君子；菊，凌霜飘逸，世外隐士。他们都没有媚世之态，遗世而独立。

②青眼：用正眼相看，指喜爱或重视。

（二）

艺术的效果

丰子恺

所以说，远功利，是艺术修养的一大效果。

例如对于雪，用功利的眼光看，既冷且湿，又不久留，是毫无用处的。但倘能不计功利，这一片银世界实在是难得的好景，使我们的心眼何等地快慰！

又如田畴，功利地看来，原只是作物的出产地，衣食的供给处。但从另一方面看，这实在是一种美丽的风景区。懂得了这看法，我们对于阡陌、田园，以至房屋、市街，都能在实用之外讲求其美观，可使世间到处都变成风景区，给我们的心眼以无穷的快慰。而我们的耕种的劳作，也可因这非功利的心情而增加兴趣。陶渊明躬耕诗有句云："虽未量岁功，即事多所欣"，便是在功利的工作中酌用非功利的态度的一例。

（节选自《丰子恺文集·艺术卷四》）

活动一 结合自己学习准备中的生活实验，谈谈你对作者观赏父亲所养兰花的实例的理解。

活动二 上文所论述的情形，与《从梅花说到艺术》中的哪一句有异曲同工之妙？

学习拓展

活动一 陶渊明诗歌《饮酒》中的"采菊"，与花农的采菊有何异同？请结合丰子恺文章的内容谈谈你的理解。

饮 酒

陶渊明

结庐在人境，而无车马喧。
问君何能尔？心远地自偏。
采菊东篱下，悠然见南山。
山气日夕佳，飞鸟相与还。
此中有真意，欲辨已忘言。

第10课

独揽梅花扫腊雪

一双雪亮的眼睛可以发现自然的美景，但是令你感到惊奇有趣的是：一双眼睛还可以“看”出音乐。如何能“看”出音乐呢？看到五线谱，你会联想到什么？

学习活动

独揽梅花扫腊雪

丰子恺

满天大雪，从去年除夜落起，一直落到今年元旦的朝晨。天井里完全变成白色，只见两株老梅的黑色的树干从雪中挺出，好像一双乌木筷插在一碗白米饭里了。

除了两株梅树以外，还有一个浑身黑色的王老公公。他身穿一件长而厚的黑棉袄，头戴一顶卓别林式的黑呢帽，脚踏一双长统子的黑钉靴，手拿一把长柄的竹丝扫帚，正在庭中扫雪。他想从大门口直到堂窗边，扫出一条路来，使我们便于进出。他的白胡须映着雪光，白得更加厉害，好像嘴上长着一丛螯骨头似的。我戴了围巾，镶拱了手，立在堂前看他扫雪，心中有些不安。他是爸爸的奶娘的丈夫，今年六十一岁了。只因家中的人统统死去，房子又被火烧掉，他这孤身老头子无家可归，才到我家来作客。爸爸收留他，请他住在大门口的一间平屋里，供给食衣。

他扫到梅树旁边，大概觉得腰酸，一手搭在东边的梅树干上，一手扶着扫帚，暂时站着休息。我觉得这光景很可入画：一片雪地里长着一株老梅，梅树上开着同雪一样白的梅花，一个老翁扶着扫帚倚在树旁。这不是一幅很动人的图画么？

但是爸爸从里面出来，向庭中一望，却高声地唱道："噢！do re mi fa sol la si！"

我忍不住笑起来，惊讶地问道："爸爸为什么对着扫雪的王老公公唱了音阶？"

爸爸答道："我们小时候学唱歌，先生教我们唱音阶，用'独、揽、梅、花、扫、腊、雪'七个字。现在王老公公不是在那里'独揽梅花扫腊雪'么？"接着就把这诗句的字义一一告诉我。我把这七字反复地念了两遍，笑道："原来如此！那么，音阶下行时，'雪腊扫花梅揽独'怎么讲呢？"爸爸伸手抚我的头，笑着说："雪腊扫花梅揽独，王老公公做不到，只好你去做了！"说着便离开我，自去同王老公公闲谈了。

我正在独自回想，忽然里面现出一个很新鲜的人影。这是离家半年而昨晚冒雪回来的姐姐的姿态。昨晚她回到家里已是上灯时光，我没有看清楚她。自从暑假开学时相别后，我在白昼的光线中再见她的姿态，现在是第一次。我觉得非常奇怪：她的面貌比前粗而黑，身体比前长而大，好像不是我的姐姐，而是姐姐的姐姐了。但这是久别重逢时暂起的感觉。我们不约而同地走进半年前曾为我们的美术工作场的厢房间里，在映着青白的座上相对坐下。我就同她说起刚才爸爸所唱的音阶来。

"刚才我听爸爸说，他小时候唱音阶，唱作'独揽梅花扫腊雪'。你觉得好笑吗？"

"我曾经见过他小时所用的唱歌书。翻开来第一页上，写着1234567七个数字，数字下面注着'独揽梅花扫腊雪'一句诗。我也觉得好笑。从前的人的习惯，欢喜把外国来的名字翻译得像中国原有的一样。其实音阶何必也如此呢。这七个字在外国本来是没有意思的。我听中学里的音乐先生说："这七个字还没有发明的西洋中世纪时代，有一个宗教音乐的作曲者作一首赞美歌，一共七句。每句乐曲开头的一个音，恰好是音阶顺次上行时的七个音；而每句歌词开头的一个字的第一个缀音，恰好是do，re，mi，fa，sol，la，si。因此后人就用这七个字来唱音阶，称它们为'阶名'。"

活动一 找出文中具有画面感的文字，以“独揽梅花扫腊雪”为上联，撰写一句下联。

活动二 搜集关于中国古代音阶“宫商角徵羽”的资料，试着做一个介绍。

学习拓展

读读《独揽梅花扫腊雪》后半部分。

“姐姐！‘音名’和‘阶名’究竟有什么分别？我们小学里的先生没有讲得清楚。”

“你们六年级的音乐是谁教的？”

“还是华明的爸爸——华先生——教的。他教图画教得很好；但是音乐不会教。只管教我们唱，却不教乐理。我到现在还没有明白五线谱的读法呢。”

“五线谱的读法，在乐理中是最机械的最容易的一小部分，一个黄昏也可学会。音乐的性状和组织，才是重要的乐理，学习音乐的人不可以不研究。像你刚才所说的‘音名’和‘阶名’的区别的知识，倒是了解音乐的性状和组织的最初步。这区别很浅显，风琴上的键板，各有固定的名称，CDEFGA或B不可移易。这叫做‘音名’。我们唱音阶时，随便哪个键板都可当作do。即无论哪个音名都可当作do。这do，re，mi，fa，sol，la，si就叫做‘阶名’，阶名是不固定而可以移易的。这区别不是很浅显的吗？比这更深刻而有兴味的，我觉得还是do，re，mi，fa，sol，la，si七个字的性状。我们的先生教我们一个很有趣的比喻。他说音阶里的七个字，好像一个家庭中的七个人物：do字是音阶中的主脑，最重要，最多用，好比家庭里的主人，故称为‘主音’。Sol字与主音最协和，常常辅佐主音奏和声，好比家庭里的主妇，从属于主人，故称‘属音’。mi字与la字与主音也很协和，也常辅佐主音奏和声，虽不及主音、属音的重要，却也常用，故mi称为‘中音’，la称为‘次中音’。前者好比这人家的儿子，后者好比女儿。以上四个音在音阶中都是重要的，常用的，犹之父母子女四人都是一家的主人。此外，re附在主音上，称为‘上主音’，好比这人家的男仆。fa附在属音下，称为‘下属音’，好比这人家的女仆。还有一个si，是引导一个音阶到其次的一个音阶时用的，称为‘导音’，我们的先生说它好比是这人家的门房。这比喻真是非常确切，非常有趣……”我听得兴味极浓，不禁打断了她的话，插口说道：“嗄！你所说的家庭就是我们家！爸爸是do，姆妈是sol，我是mi，你是la，阿四是re，徐妈是fa，新来的王老公公是si。哈哈，我们这音乐的家庭！……”

（节选自《丰子恺文集·艺术卷三》）

活动一　姐姐以不同的家庭成员来比喻音阶，请你选择其它的喻体来比喻音阶。

第11课

肉腿

英国《经济学家》周刊曾说过，“李约瑟，改变西方对中国文明落后评价的人”。1995年李约瑟逝世，联合国教科文组织专门为他出版传记，其中写道：“这个人身体很好，高大魁梧，会骑马，在中国内地做了一些旅行，最远到过甘肃敦煌一带。在各地城乡他了解到一些传统技术，比如在农村看到很多水车，在乡下看到炼铁的。他搜集了好多资料，为他日后研究中国古代科学史提供了基础。”这里说的“水车”是什么呢，大家知道吗？

学习活动

肉　腿

丰子恺

①清晨六点钟，寒暑表的水银已经爬上九十二度。我臂上挂着一件今年未曾穿过的夏布长衫，手里提着行囊，在朝阳照着的河埠[①]上下船，船就沿着运河向火车站开驶。

②这船是我自己雇的。船里备着茶壶、茶杯、西瓜、薄荷糕、蒲扇和凉枕，都是自己家里拿下来的，同以前出门写生的时候一样。但我这回下了船，心情非常不快：一则为了天气很热，前几天清晨八十九度，正午升到九十九度。今天清晨就九十二度，正午定然超过百度以上，况且又在逼近太阳的船棚底下。加之打开行囊就看见一册《论语》，它的封面题着李笠翁[②]的话，说道人应该在秋、冬、春三季中做事而以夏季中休息，这话好像在那里讥笑我。二则，这一天我为了必要的人事而出门，不比以前开“写生画船”的悠闲。那时正是暮春天气，我雇定一只船，把自己需用的书籍、器物、衣服、被褥放进船室中，自己坐卧其间。听凭船主人摇到哪个市镇靠夜，便上岸去自由写生，大有“听其所止而休焉”的气概。这回下船时形式依旧，意义却完全不同。这一次我不是到随便哪里去写生，我是坐了这船去赶十一点钟的火车。上回坐船出于自动，这回坐船出于被动。这点心理便在我胸中作起怪来，似乎觉得船室里的事物件件都不称心了。然而船窗外的特殊的景象，却引起了我的注意。

③从石门湾到崇德之间，十八里运河的两岸，密接地排列着无数的水车。无数仅穿着一条短裤的农人，正在那里踏水。我的船在其间行进，好像阅兵式里的将军。船主人说，前天有人数过，两岸的水车共计七百五十六架。连日大晴大热，今天水车架数恐又增加了。我设想从天中望下来，这一段运河大约像一条蜈蚣，数百只脚都在那里动。我下船的时候心情的郁郁，到这时候忽然变成了惊奇。这是天地间的一种伟观，这是人与自然的剧战。火一般的太阳赫赫[③]地照着，猛烈地在那里吸收地面上所有的水；浅浅的河

水懒洋洋地躺着，被太阳越晒越浅。两岸数千百个踏水的人，尽量地使用两腿的力量，在那里同太阳争夺这一些水。太阳升得越高，他们踏得越快："洛洛洛洛……"响个不绝。后来终于戛然[4]停止，人都疲乏而休息了；然而太阳似乎并不疲倦，不须休息；在静肃的时候，炎威更加猛烈了。

④听船人说，水车的架数不止这一些，运河的里面还有着不少。继续两三个月的大热大旱，田里、浜里、小河里，都已干燥见底；只有这条运河里还有些水。但所有的水很浅，大桥的磐石已经露出二三尺；河埠石下面的桩木也露出一二尺，洗衣汲水的人，蹲在河埠最下面一块石头上也撩不着水，须得走下到河床的边上来浣汲。我的船在河的中道独行，尚无阻碍；逢到和来船交手过的时候，船底常常触着河底，轧轧地作声。然而农人为田禾求水，舍此以外更没有其他的源泉。他们在运河边上架水车，把水从运河踏到小河里；再在小河边上架水车，把水从小河踏到浜里；再在浜上架水车，把水从浜里踏进田里。所以运河两岸的里面，还藏着不少的水车。"洛洛洛洛……"之声因远近而分强弱数种，互相呼应着。这点水仿佛某种公款，经过许多人之手，送到国库时所剩已无几了。又好比某种公文，由上司行到下司，费时很久，费力很多。因为河水很浅，水车必须竖得很直，方才吸得着水。我在船中目测那些水车与水平面所成的角度，都在四十五度以上；河岸特别高的地方，竟达五六十度。不曾踏过或见过水车的读者，也可想象：这角度越大，水爬上来时所经的斜面越峭，即水的分量越重，踏时所费的力量越多。

⑤故村里所有的人家，除老弱以外，大家须得出来踏水。根本没有种田就逢大旱的人家，或所种的禾稻已经枯死的人家，也非出来参加踏水不可，不参加的干犯众怒，有性命之忧。这次的工作非为"自利"，因为有多人自己早已没有田禾了；又说不上"利他"，因为踏进去的水被太阳蒸发还不够，无暇去滋润半枯的禾稻的根了。这次显然是人与自然的剧烈的抗争。不抗争而活是羞耻的，不抗争而死是怯弱的；抗争而活是光荣的，抗争而死也是甘心的。农人对于这个道理，嘴上虽然不说，肚里很明白。眼前的悲壮的光景便是其实证。我的心情由不快变成惊奇；由惊奇而又变成一种不快。以前为了我的旅行太苦痛而不快，如今为了我的旅行太舒服而不快。直

到我舍船登岸，通过了奢华的二等车厢而坐到我的三等车厢里的时候，这种不快方才渐渐解除。住在都会的繁华世界里的人最容易想象，他们这几天晚上不是常在舞场里、银幕上看见舞女的肉腿的活动的带模样么？踏水的农人的肉腿的带模样正和这相似，不过线条较硬些，色彩较黑些。近来农人踏水每天到夜半方休。舞场里、银幕上的肉腿忙着活动的时候，正是运河岸上的肉腿忙着活动的时候。

（节选自《丰子恺文集·文学卷一》）

【注释】

①河埠（bù）：河岸码头。

②李笠翁：李渔，字笠翁，明末清初著名文学家、戏剧理论家，代表作《闲情偶寄》。

③赫赫：显著盛大的样子。

④戛（jiá）然：形容声音突然中止。

活动一 梳理作者的心理变化的四个过程，并阐述原因。

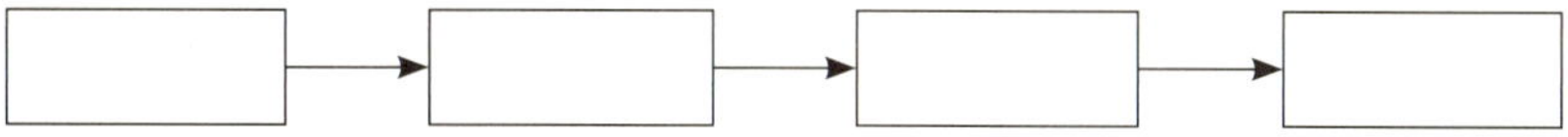

活动二 文中的第③段说“这是天地间的一种伟观，这是人与自然的剧战”，第⑤段提及“这次显然是人与自然的剧烈的抗争”。请分析一下分别有什么作用？

活动三 想一想，作者为什么在结尾写到舞场和银幕上的肉腿？

学习拓展

《肉腿》一文中，作者展现出的是一幅故乡农人踏水的壮观场景，请课外查阅关于水车的资料，了解中国的古代农业文明。

第12课

桐庐负暄

——避难五记之二

1937年末，日寇飞机轰炸石门湾，丰子恺举家踏上避难之路，并写成“避难五记”，分别是《辞缘缘堂》《桐庐负暄》《萍乡闻耗》《桂林讲学》《汉口庆捷》。阅读这些文章，了解时代背景，体会作者的爱国爱家的情怀。

学习活动

桐庐负暄[1]

——避难五记之二

中华民国二十六年十一月下旬。当此际，沪杭铁路一带，充满了硫磺气、炸药气、厉气和杀气，书卷气与艺术香早已隐去。我家有老幼十口，又随伴乡亲四人，一旦被迫而脱离故居，不知投奔哪里是好。曾经打主意：回老家去。我们的老家，是浙江汤溪。地在金华相近，离石门湾约三四百里。到了石门湾不可复留的时候，心中便起了出尘之念，想率妻子邑人投奔此绝境，不复出焉。但终于不敢遂行。因为我只认得惠恩，并未到过老家。惠恩常居上海。今我全无介绍，贸然投奔丰村，得不为父老所疑？即使不被疑，而那里果然是我所想象的桃花源，也恐怕我们这班四体不勤，五谷不分的人一时不能参加他们的生活。这一大群不速之客终难久居。因此回老家的主意终归打消。正在走投无路而炮火逼近我身的时候，忽然接到马湛翁[2]先生的信。内言先生已由杭迁桐庐，住迎薰坊十三号，并询石门湾近况如何，可否安居。我决定向空气新鲜的地方走。于是决定先赴杭州，再走桐庐。

十一月二十一日下午一时，我们全家十人和族弟平玉，店友章桂，共十二人，乘了丙潮放来的船，离去石门湾，向十里外的悦鸿村（即丙潮家）进发。船到悦鸿村，已是傍晚，更兼细雨。石埠子发滑，丙潮一一扶我们上岸。我们走进他们的房间里去休息，看见他们也有明窗净几，窗外也有高高的粉墙。一见就可推知这是村中的小康之家。想象他们在太平时代，饱食暖衣，养生丧死无憾。但是现在，村上也早已闻到风声鹤唳。炮火的逼迫，已使得全村的房屋田地都动摇起来。

半夜里，大家起身。丙潮夫人把钞票缝在孩子的棉衣领里，背心里，和袖子里了，预备辞家。丙潮含了两眶眼泪，问我要不要到庙里去向他父亲告别，后半句呜咽不成声了。知道行路难，行李大家竭力简单。每人裹在身上的一套冬衣而外，所谓行李者，只是被褥，日用品如牙刷、毛巾、热水壶等；和诸儿正在学习的几册英文书、数学书而已。

船行将近塘栖，我们又尝到一种异味的恐怖：一只船与我们的船对面行来，船里满装着兵。忽然那边有人喊我们停船。我探首一望，喊停船的是另一只兵船，他们一面大喊我们停船，一面拼命地凑近我们来。船上人说：“要拉船了。”拼命地逃，不理睬他们。他们的喊声更严厉了。我再探首一望，看见兵士已举枪向我们瞄准，连忙命船人停手。我以为要逐我们这一群老幼上岸了。幸而不然，只是要借一个船夫。我劝丫头不要挣扎，我们一定在塘栖等他。谁知我们从此断送了一个丫头。因为我们开到塘栖，看见两岸的商店房屋，统统变成兵营。且有许多兵窥探我们的船，都有想拉的样子。我们势不能在塘栖等丫头的回来！只得管自开了。

半夜里，船摇到了拱宸桥，就在桥外停泊了。时值严冬，况已夜半，船里不能过夜。行李已有人挑，言定每人工资三元，挑到六和塔下。但是人的进行还有问题：从拱宸桥至六和塔，三十六华里，十五个人中有十三个能走。我们行了一程，西湖忽然在望。保俶塔的姿态依然玲珑，亭亭玉立于青山之上，投一个清晰的倒影在下面的大镜子中。

走到南山路，空袭警报来了。我们一群人，因为走的快慢不同，都失散了。只得各人管自逃命。我逃进一个树林中，看见里面有屋子，屋子里都是兵士。他们都不介意，我也放心了些。过了一会，飞机声响了，炸弹爆发了。声音很远，兵士说是炸钱江大桥。

船到富阳，是次日的清晨。我们肚子饿得很，大家上岸去找食物。我同了两个孩子，到一所小店里去吃素面。约有两天不得吃热食了，这碗面热辣辣的，味美无比。我没有到过富阳，这时匆匆一踏其地，所得的印象，只是热辣辣的素面与广告性的肉馒头而已。

船到桐庐，已是晚上十点半。我们在船里远远望见一座高楼，玻璃窗内灯烛辉煌，大家很高兴，预想这一定是我们的休息慰安之所了。停泊后，我同平玉、丙潮上去找旅馆。一连问了好几家，都没有空房。占住着的全是兵士，连走廊里都有人躺着。只有一家旅馆，有一间大厅，厅的一旁已经有兵士睡着，另一旁可以租给我们住。我们十六个人中，只有五个是男子，其余的都是女人或小孩。教他们同兵士杂处在一间屋子里，他们一定不肯，我也一定不做。计无所出，只得先去访问了马先生再说。迎薰坊不远一敲门，开门出来的是张立民君，见我半夜三更敲进马先生的门来，大约已知情形不妙，脸色愈加严肃了。我说明了来意，他就上楼去通知马先生。我想阻止他，因为时已十一点钟，马先生一定已经就寝，我不该惊扰他，然而这回我竟惊扰了他。炮火的暴力使我越礼于我所尊敬的人，过后思之常抱遗憾。

十一月二十八日，我们辞别马先生，先行入乡。借乘马先生运书的船。请汤庄的工人志元同他的儿子凤传二人摇船。十二月十七八中，传闻将有大军来桐庐，欲利用山地作战场，以期歼灭日寇。傍晚果然开到了一批军队，敲我们的门，说要借宿一宵，明晨开赴杭州作战。兵队纪律很好。其长官晚上和我闲谈，说他是从吾乡石门湾退出来的。亲见石门湾变成焦土。又忠告我们，说："这地方不可再住，须得迁往远处或大山中。说不定这地方要放弃。"我忽然感觉得这里不可再留，连忙去汤庄，再劝马先生作远行之计。然马先生首阳[③]之志已决，对于诸种环境的变迁，坦然不慌。我不能动他。于是返家收拾萧条的行物，决定流徙于远方。岳老太太年已七十，不胜奔走之苦。我破晓起来同我妻商量，拟把老太太寄托与船形岭黄宾鸿家。临别，我心中除了离别之苦以外，又另有一种难过：我不能救庇一位应该供养的老人，临难把她委弃在异乡的深山中，这是何等惭愧的事！

我在桐庐的最后一天，十二月廿一日的早晨，我们黎明即起，打点下船。一行十四人除去了老太太，得十三人。幸而车氏父子三人加入了，得十六人。王星贤看见我们十余人只有两担行李，表示惊讶。幸而船到桐庐，不久找到了一只较大的船，言定二十人元送到兰溪，即于下午二时离开桐庐。一帆风顺，溯江而上。我抽了一口气，环顾家人，发见大家神情惆怅，如有所失，而吾妻尤甚。一个孩子首先说破："外婆悔不同了来！"言下各处响应。我在桐庐时看见公共汽车还通，便下个决心，喊船夫停船，派章桂上岸步行回船形岭，迎老太太下山，搭公共汽车到兰溪相聚。这时候杭州快要失守，富阳桐庐一带交通秩序混乱。我深恐此事难得圆满。谁知章桂果能完成其使命：带了一位七十岁的老太太，搭了最后一班的公共汽车，与我们差不多同时到达兰溪。好像是天教我们一家始终团聚，不致离散似的！

（节选自《丰子恺文集·艺术卷一》）

【注释】

①负暄：晒太阳取暖的文雅说法。

②马湛翁：就是马一浮，被称为"现代三圣"之一，是书法界的泰斗。

③首阳：山名。一称雷首山，相传为伯夷、叔齐采薇隐居处。这里指马一浮想效仿古代的隐士在乱世隐居到山里避祸。

活动一 文中交代作者的祖籍地在哪里？

活动二 阅读全文，梳理作者一家的逃难行程。

活动三 找出作者逃难过程中令你印象深刻的细节，谈谈你的感受。

学习拓展

下面片段选自《桐庐负暄》原文，为什么平玉不能理解作者的心情？谈谈你的理解。

不敢仰起头来正面看它〔指西湖〕。我摸出一块手帕来遮住了脸，偷偷地滴下许多热泪来。辞家以来，从没有流过泪。今天遇于一哀而出涕，窃怪涕之无从。我们平日的自然观照，大都感情移入于自然之中，故我喜，自然亦喜，我愁，自然亦愁。但我当时的自然观照，心理并不如此。我当时把西湖这自然美景当作一个天真烂漫的婴儿看。他不理解环境的变迁，不识得人事的沧桑，向人常作笑颜，使人常觉可爱。在这风雨满城，浩劫将至的时候，他的姿态越是可爱，令人越是伤心。我的涕泪即由此而来。平玉走在我近旁，还以我是为了抛弃故乡的财产，身受流离之苦痛而哭。用不入耳之言，来相劝慰。唉！他如何能理解我的心情！

第13课

参观江西革命根据地随笔

“落红不是无情物，化作春泥更护花。”这句诗看似风雅优美，其实沉痛悲壮；看似消沉，其实积极。这就是“化悲愤为力量”！丰子恺先生在瞻仰烈士纪念堂之后，对这两句古诗又有了新的理解和感悟。

学习活动

参观江西革命根据地随笔
——化作春泥更护花

丰子恺

我平生——孩童时代不算——难得流眼泪；但这次在南昌的烈士纪念堂里，竟流了不少。这里面的灵堂里，左右两排玻璃柜子，里面陈列着许多装潢很隆重的册子，是当年江西各地为解放战争而牺牲的烈士的名册。翻开来一看，里面记录着烈士的姓名、年岁、籍贯等；各村、各乡分别造册，有的一村牺牲数千名，有的一乡牺牲数万名，都用工整的楷书历历[①]地记载着。楼上几个大房间的墙壁上，挂着许多烈士的照片，鲁迅先生记录过的刘和珍女烈士亦在其内。玻璃柜子里陈列着各烈士的遗物，有书册、信件、器什、血衣等，教人看了更是悲愤交集。

江西人民为革命付出了巨大的代价！据报道：第一次大革命时期江西全省人口有二千六百多万。到了一九四九年解放的时候，只剩下一千三百万。这就是说，在革命的斗争中被反动派摧残了一半人口。长征开始之后，国民党在江西各革命根据地进行了疯狂的烧杀。他们提出三句口号，叫做“茅厕要过火，石头要过刀，人要换种”。这期间江西人民死在敌人屠刀之下的共有七十多万。宁都县满门抄斩的有八千三百家。井冈山的村落全部被烧光。兴国一县参军者有六万多人，参加长征者有三万多人，解放时只剩三百多人。

我在南昌又参观了“八一纪念馆”。这里面陈列着“八一”起义时的各种纪念物。其中有当时所用的茶水缸、马灯、手电筒、武器以及红军的用品等，教人看了非常感动。这屋子本来是江西大旅社。周恩来、叶挺等同志当时住过的房间、用过的会议室，都照当时的原样保存着。朱德同志用过的手枪，也陈列在这里。贺龙指挥部的楼窗上，还留着当时的弹痕呢！

我又参观了当年朱德同志领导的“军官教导团”的旧址。现在这里面住着军士，但有一个房间里保留着朱德同志当时所用的床。这只床真使人吃惊：不但没有棕绷，竟连床板也没有，只是在木框子上钉着八九条竹片，每两条之间相距约有一两寸，上面铺一条薄薄的褥子，是当时的原物。我用手按按褥子，底下的竹片就一条一条地突出来，想见身体躺在这上面，是很不舒服的。如果躺过一夜，早上起来说不定身上会起条纹呢。我想想这种艰苦奋斗的精神，觉得愧感交集。我住在南门的江西宾馆里，睡的是席梦思床，同这只床比较起来，真是天差地远。我有什么功德，今天来享受这幸福呢？

这种艰苦奋斗的精神，普遍地贯彻在江西革命根据地人民的心中。据当地的老英雄们说：他们为了支援前线，宁可自己少吃少穿。在极艰苦的期间，他们曾经发起“每天每人节约一两米、一个铜板”的运动。当干部的每人每天只有十二两米和一角钱的菜钱。为了支援红军，还有自动提出自带粮食、不吃公粮的。当时瑞金的人们有一支歌：“白塔巍峨矗立，绵江长流向东。红色儿女前仆后继[②]，任凭血雨腥风。”赣南区党委的第一书记刘建华同志曾经参加游击战十九年，直到解放为止。他告诉我们：那时候敌人搜山“清剿”，游击队天天要从这山头转到那山头，躲避危险。特别是从一九三五到一九三七年，最为艰苦，三年间极少有脱衣服睡觉的日子。吃的是野菜竹笋，有时简直挨饿。冬天没有棉被，坐在火堆旁边过夜。虽然敌人颁布了“通匪者杀”和“移民并村”等恶毒的办法，但是群众还是冒着生命危险，给游击队送情报，送衣服，送粮食。真是艰苦卓绝啊！

这种艰苦卓绝的精神和这种悲愤，都化作了无穷大的力量，取得了辉煌的胜利，又推动着伟大的社会主义建设。因人成事③而坐享成果的我们，安得不感谢这些烈士和英雄，而尽心竭力地为社会主义建设服务呢？我在南昌填了一阙《望江南》：

南昌好，八一建奇勋。饮水思源④怀烈士，揭竿起义忆群英。青史永留名。

（节选自《丰子恺文集·文学卷二》）

【注释】

①历历：清楚分明的样子。

②前仆后继：前面倒下，后面的紧跟。形容不怕牺牲，英勇奋战。

③因人成事：依靠别人的力量办成事情。

④饮水思源：喝水的时候想起水从哪里来，比喻做人不忘本。

活动一　查阅相关资料，完成下面表格。

江西人口数量变化表

历史时期	人口数量
第一次大革命时期	
一九四九年解放前夕	
现在	

活动二　朱德对新中国的建立有哪些贡献？对照他在文中的生活条件谈谈你的感受。

活动三　从文中找出相应的细节，说说你对“艰苦卓绝的精神”的理解。

学习拓展

阅读《饮水思源》的节选，结合文本谈谈你对“饮水思源”这个词语的理解。

饮水思源

红军烈士纪念塔建设在一个广场上，对面是一个阅兵台。塔和台之间，地上用水门汀砌出九个大字：“踏着先烈的血迹前进！”附近便是毛主席的故居。这故居是一间非常陈旧而低小的楼屋，房间都只有一个窗洞，装着几个木栅，屋外有三株老樟树，都是合抱不交的，那些枝干交错纵横，望去形似假山。据说当年毛主席常常在这些大树底下读书。如果我当时看到这情景，一定当他是个隐士。岂知这隐士心中正在旋转乾坤，决胜千里之外！

瑞金附近还有一个乡村，叫做沙洲坝。这地方有一个井，名叫“红井”，是当年毛主席亲自参加挖掘的。那口井旁边立着一块牌子，上面题着字：“吃水不忘挖井人，时刻想念毛主席。”后面记着：“一九五一年三月沙洲坝全体人民敬立。”我在这井畔俯仰徘徊，不忍遽去。前几天我道经南昌的时候，参观“八一纪念馆”，看见里面陈列着八一起义时的各种纪念物：盛茶水的缸、马灯、手电筒、杯盏、刀枪、衣物等，都是极粗陋的，充分说明当时斗争中的艰苦生活。我的愧感达到了惶恐的程度。参观后，主管人拿出册子来要我题字，我趁着兴奋题了“饮水思源”四个大字。现在看到这个红井，心中纳罕：这真是饮水思源了！我就摸出手册来替这红井画了一幅画。在瑞金的寓楼里，我听当地一位书记的报告：当时毛主席和人民一起生活，一起劳动。当农民们插秧休息的时候，毛主席下田去帮他们插。沙洲坝的人民至今传为美谈。

……

（节选自《丰子恺文集·文学卷二》）

第14课

雷声的伴奏

——管弦乐的话

十八世纪的初叶，德国有一位大音乐家，名叫亨代尔〔韩德尔〕[①]的，是提倡器乐最努力的人。有一天，亨代尔举行最大规模的管弦乐，台上排列演奏员数十人，各持一乐器。管弦乐开始演奏了，潮水一般的音乐奔腾而来，忽高忽低，忽抑忽扬，变化无限。满座的听众都出神了。正在演奏管弦乐的时候，忽然黑云四布，风雨欲来。听众笼闭在音乐堂中倾听演奏，全不知道外间的情状，只听见演奏达于高潮的时候，台上一切乐器一齐鸣响，变出一种最强烈的音，轰轰然，隆隆然，压迫听众的感觉，使他们都畏缩。国王勃然变色，旋转头来向左右的侍臣说道："唉！何等奇特的音！何等惊人的伴奏！亨代尔的音乐真是伟大！"

读了以上文字，你想接着往下读吗？

学习活动

雷声的伴奏
——管弦乐的话

丰子恺

现在我们就来谈谈管弦乐的话吧。管弦乐是现今音乐界最正大又最盛行的一种演奏。在音乐会繁盛的外国，管弦乐演奏是一般人日常惯见之事；但在我国，即使住在通都大邑的人，也很少听管弦乐的机会，人们只能在蓄音机[②]的片子上听到管弦乐演奏的大概。良好的蓄音机，也能逼真地演奏，不过音量比真的演奏弱小得很。我们只听见蓄音片上流出极复杂的音乐，有清脆的，有沉重的，有急速的，有迟缓的，有的像繁弦急管，有的像巨鼓大钟。这种音是怎样地发出来的？倘使我们知道了它的演奏的情形，听起蓄音片来定更多兴味；而且将来遇到真的管弦乐演奏，也可以知道它的内容组织的大概了。

先来谈一谈管弦乐所用的乐器。管弦乐所用的乐器，差不多就是西洋音乐上所有的一切乐器。西洋乐器（除键盘乐器而外）共有三大类，即弦乐器，管乐器，和打乐器。细别之，可说有五种，即弦乐器中可分为弹弦乐器〔弹拨乐器〕与摩擦弦乐器〔弓弦乐器〕，管乐器中可分为木管乐器与金属管乐器〔铜管乐器〕，连打乐器共得五种。现在再来谈谈这等乐器的性状及其在管弦乐团中的用途。

弦乐器是由弦线发音的。因其发音的方法，可分为两种：第一种，用爪类之类弹拨弦线而发音的，称为弹弦乐器。中国的琴、琵琶、三弦，也是属于这一类的。西洋管弦乐器中所常用的弹弦乐器，仅有一种，名叫“哈泼”〔竖琴〕。这乐器形似大弓，有弦线甚多，弹拨弦线而发音，似中国的琴瑟。其音丁冬，清脆而明朗。这是西洋最古的乐器，据说是由打猎的弓变形而造成的。管弦乐演奏时，“哈泼”大都位置在台上的左方的外角上（听者的左手），普通用一个至六个。其乐器比人身高大，这是最显著惹目的一件大乐器。

第二种用马尾毛的弓摩擦弦线而发音的，称为摩擦弦乐器。中国的胡琴，也是属于这类的。管弦乐中所用摩擦弦乐器为数最多。这是管弦乐中最主要的乐器，乐曲的主要的旋律，是由这种乐器演奏的。管弦乐中所用摩擦弦乐器，大小计有四种，由小而大，顺次称为“怀娥铃”〔小提琴〕，“微渥拉”〔中提琴〕，“赛洛”〔大提琴〕和“倍斯”〔低音提琴〕。这四种乐器同一形状，都有四根弦线，都用弓拉奏。只是大小各异，发音高低不同；后两种形体甚大，直立在地上而拉奏，故腹部的下端均有一尖脚，犹似旗子的竿的脚；最后的一种“倍斯”，腹部的上端作∧形，形式上的差异不过这几点。管弦乐团中最重用这四种乐器，而第一种最小形的“怀娥铃”尤为重要，差不多是管弦乐全体中的君主。现今的管弦乐中，都要用数十个怀娥铃。他们把怀娥铃分为两群，称为“第一怀娥铃”与“第二怀娥铃”。每群用十二个至十六个，或更以上。第一怀娥铃群位在演奏台的左外方，第二怀娥铃群位在演奏台的右外方，都在演奏台上占据最重要的位置。其余三种较大的乐器，位在这两群的后面。乐器个数也很多，“微渥拉”用十二个，“赛洛”用十二个，最大的“倍斯”也用八个（但多少没有一定）。演奏台上最近听众的重要的地方，都被这四种弦乐器占据了。因为这等弦乐器所奏的音乐，正是乐曲的最主要的旋律，所以音乐家重视它们，给它们位置在演奏台的前面，使它们易被听众听见，又易受指挥者的指挥。指挥者是指挥全曲演奏进行的人，犹似兵队中的司令官。他手执指挥棒，背着听众，立在演奏台的外口的正中的高台上，支配全体演奏员的动作。他的身旁，左边就是第一怀娥铃群，右边就是第二怀娥铃群，这两群重要的乐器都依照指挥者的命令而演奏。

指挥者的前面，即演奏台的正中，是管乐器群的位置。木管乐器位在外面，金属管乐器位在里面。因为木管乐器声音幽静，须放在更近听众的地方；金属管乐器声音强大，故须放在远离听众的地方。这些管乐器有时奏主要旋律，有时作伴奏。木管乐器比金管乐器为重要，奏主要旋律的时候较多，故位置排在前面。

木管乐器中常用的有这几种，例如：“富柳德”〔长笛〕，是一种横吹的笛，管旁有复杂的瓣，用手按瓣吹出音阶。其音清脆，其数普通用三四枝。小形的富柳德，称为“比可洛”〔短笛〕，形态构造大致与富柳德同，不过发音更为锐利。管弦乐中不一定兼用富柳德与比可洛，有时仅用一种。管口略作喇叭形，吹口成弯曲形的，名曰“克拉理内德”〔单簧管〕，这是管乐器中最重用的乐器，其数用三四个。管口作喇叭形的木管乐器尚有两种，其喇叭口作直线形的，称为“渥薄”〔双簧管〕，普通用三个，其喇叭口作圆球形的，称为“英吉利杭”〔英国管〕普通只有一个。还有一种，喇叭口向上弯曲，形似旱烟筒，而吹口另有一弯曲细管附着在大管的横部的，名曰“倍诵”，或称为“法各德”〔大管〕，普通用三四个。以上数种是管弦乐中常用的管乐器。这团体的音色，大都清脆而幽雅，类似中国的箫、笛，而音量较中国乐器为宏大。音色亦较为复杂。

金属管乐器，即喇叭之类，其发音在全体乐器中最为响亮而强烈，近听时喧聒难堪，故位在台的后面，远离听众席的地方。但它们也有特别效用，因为喇叭类的音色鲜明华丽，可以使乐曲音节嘹亮而生气活泼。故作曲家往往巧妙地使用这种喇叭，而造出特殊的效果。这种乐器都是黄铜制的，形状屈曲玲珑，光辉灿烂。军乐队和喜庆丧葬的仪式中所用的乐队，便是金属管乐器和打乐器（鼓等）结合而成的。打乐器位在演奏台的最后方。这种乐器所发的音，强大而简单。它们大都不能演奏旋律，只能加强拍子，故在管弦乐中不甚重要。但也是不可缺少的。因为打乐器能使乐曲的节奏强明，效果显著。试看普通的军乐队，倘没有鼓而只有喇叭，其音乐必散漫而没有力强的效果。

管弦乐中也有加用洋琴〔钢琴〕，风琴，六弦琴，曼独铃或别种乐器的；但普通最常用的，只是上述的几种。这三类乐器，对于一个乐曲的表现各有其特殊的用处：弦乐器演奏乐曲的主要部，管乐器做它的辅助，打乐器加强演奏的效果。拿一间房屋来比方，弦乐器好比柱，管乐器好比墙壁，打乐器好比窗户。实际听过管弦乐演奏的人，一定知道这比喻是很确切而有趣的。

（节选自《丰子恺文集·艺术卷二》）

【注释】

①亨代尔（韩德尔）：George Friedrich Handel（1685—1759），英籍德国作曲家，代表作有《阿尔米拉》《哈利路亚》等。

②蓄音机：即收音机。

活动一 阅读文章6-11段，根据作者的说明，画出管弦乐队座位图。

活动二 请辨别下列乐器，并选择正确答案的序号填入括号里。

（　）

（　）

（　）

（　）

A：圆号　B：小提琴　C：单簧管　D：长笛

活动三 将下列乐器进行分类，并将正确的序号填入类别中。

木管乐器（　　　　）　　铜管乐器（　　　　）

打击乐器（　　　　）　　弦乐器（　　　　）

A. 大提琴　B. 双簧管　C. 小号　D. 小军鼓

E. 低音提琴　F. 短笛　G. 定音鼓　H. 长号

学习拓展

完整聆听约翰·施特劳斯创作的管弦乐作品《雷电波尔卡》，关注管乐器、弦乐器及打击乐器的音色（尤其是定音鼓及吊镲的音色）以及管弦乐曲的音乐表现力。熟悉主题音乐并发挥想象，说一说每部分的音乐留给你怎样的印象？作曲家意在表现怎样的场景？

第15课

我与弘一法师

弘一法师即李叔同（1880—1942），是著名音乐家、美术教育家、书法家、戏剧活动家，是中国话剧的开拓者之一。1913年受聘为浙江两级师范学校（后改为浙江省立第一师范学校）音乐、图画教师，即为丰子恺学艺术的教师，丰子恺的一生受法师影响很大。

学习活动

我与弘一法师

丰子恺

我十七岁入杭州浙江第一师范，廿岁毕业以后没有升学。我受中等学校以上学校教育，只此五年。这五年间，弘一法师，那时称为李叔同先生，便是我的图画音乐教师。

图画音乐两科，在现在的学校里是不很看重的，但是奇怪得很，在当时我们的那间浙江第一师范里，看得比英、国、算还重。我们有两个图画专用的教室，许多石膏模型，两架钢琴，五十几架风琴。我们每天要花一小时去练习图画，花一小时以上去练习弹琴。大家认为当然，恬不为怪[1]，这是什么原故呢？因为李先生的人格和学问，统制了我们的感情，折服了我们的心。

他从来不骂人，从来不责备人，态度谦恭，同出家后完全一样，然而个个学生真心的怕他，真心的学习他，真心的崇拜他。我便是其中之一人。因为就人格讲，他的当教师不为名利，为当教师而当教师，用全副精力去当教师。就学问讲，他博学多能，其国文比国文先生更高，其英文比英文先生更高，其历史比历史先生更高，其常识比博物先生更富，又是书法金石的专家，中国话剧的鼻祖。他不是只能教图画音乐，他是拿许多别的学问为背景而教他的图画音乐。

夏丏（miǎn）尊先生曾经说，“李先生的教师，是有后光的”。像佛菩萨那样有后光，怎不教人崇拜呢？而我的崇拜他，更甚于他人。大约是我的气质与李先生有一点相似，凡他所欢喜的，我都欢喜。李先生早已由艺术而升华到宗教而成正果，而我还彷徨在艺术宗教的十字街头，自己想想，真是一个不肖②的学生。

他怎么由艺术升华到宗教呢？当时人都诧异，以为李先生受了什么刺激，忽然“遁入空门”了。我却能理解他的心，我认为他的出家是当然的。我以为人的生活，可以分作三层：一是物质生活，二是精神生活，三是灵魂生活。物质生活就是衣食。精神生活就是学术文艺。灵魂生活就是宗教。

“人生”就是这样的一个三层楼。懒得（或无力）走楼梯的，就住在第一层，即把物质生活弄得很好，锦衣玉食，尊荣富贵，孝子慈孙，这样就满足了。这也是一种人生观。抱这样的人生观的人，在世间占大多数。其次，高兴（或有力）走楼梯的，就爬上二层楼去玩玩，或者久居在里头。这就是专心学术文艺的人。这样的人，在世间也很多，即所谓“知识分子”，“学者”，“艺术家”。还有一种人，“人生欲”很强，脚力很大，对二层楼还不满足，就再走楼梯，爬上三层楼去。这就是宗教徒了。世间就不过这三种人。

我虽用三层楼为比喻，但并非必须从第一层到第二层，然后得到第三层。不过我们的弘一法师，是一层一层的走上去的。弘一法师的“人生欲”非常之强！他的做人，一定要做得彻底。他早年对母尽孝，对妻子尽爱，安住在第一层楼中。中年专心研究艺术，发挥多方面的天才，便是迁居在二层楼了。强大的“人生欲”不能使他满足于二层楼，于是爬上三层楼去，做和尚，修净土，研戒律，这是当然的事，毫不足怪的。

艺术的最高点与宗教相接近。二层楼的扶梯的最后顶点就是三层楼，所以弘一法师由艺术升华到宗教，是必然的事。弘一法师在闽中，留下不少的墨宝。这些墨宝，在内容上是宗教的，在形式上是艺术的——书法。闽中人士久受弘一法师的熏陶，大都富有宗教信仰及艺术修养。我这初次入闽的人，看见这情形，非常歆美，十分钦佩！

前天参拜南普陀寺，承广洽法师的指示，瞻观弘一法师的故居及其手种杨柳，又看到他所创办的佛教养正院。广义法师要我为养正院书联，我就集唐人诗句："须知诸相皆非相，能使无情尽有情"，写了一副。这对联挂在弘一法师所创办的佛教养正院里，我觉得很适当。因为上联说佛经，下联说艺术，很可表明弘一法师由艺术升华到宗教的意义。

艺术家看见花笑，听见鸟语，举杯邀明月，开门迎白云，能把自然当作人看，能化无情为有情，这便是"物我一体"的境界。更进一步，便是"万法从心"、"诸相非相"③的佛教真谛了。故艺术的最高点与宗教相通。最高的艺术家有言："无声之诗无一字，无形之画无一笔。"可知吟诗描画，平平仄仄，红红绿绿，原不过是雕虫小技，艺术的皮毛而已，艺术的精神，正是宗教的。古人云："文章一小技，于道未为尊。"又曰："太上立德，其次立言。"弘一法师教人，亦常引用儒家语："士先器识而后文艺。"④所谓"文章"，"言"，"文艺"，便是艺术，所谓"道"，"德"，"器识"，正是宗教的修养。宗教与艺术的高下重轻，在此已经明示，三层楼当然在二层楼之上的。

我脚力小，不能追随弘一法师上三层楼，现在还停留在二层楼上，斤斤于一字一笔的小技，自己觉得很惭愧。但亦常常勉力爬上扶梯，向三层楼上望望。故我希望：学宗教的人，不须多花精神去学艺术的技巧，因为宗教已经包括艺术了。而学艺术的人，必须进而体会宗教的精神，其艺术方有进步。

（节选自《丰子恺文集·文学卷二》）

【注释】

①恬（tián）不为怪：一点不觉得奇怪。

②不肖（xiào）：没有出息，这里是自谦的说法。

③万法从心、诸相非相：佛教用语，指的是心就是相，看到任何现象都不要当回事。

④士先器识而后文艺：指一个人要想有学问、有志气，首先要培养气度见识，然后才是文才技艺。

活动一 本文中作者提及的“人生的三层楼”指什么？

活动二 王国维先生提及的“人生的三重境界”是什么？请用自己的话加以解释。

学习拓展

课外查找资料，谈谈你对佛法修禅这句话的理解。

看山是山

看山不是山

看山还是山

第16课

湖畔夜饮

西湖游春，给人以无限遐想。而在湖畔夜饮，你肯定想起课文《湖心亭看雪》，感受到张岱的独特的精神世界。本文与丰子恺先生在湖畔夜饮的又是谁呢？他就是课文《猫》的作者，郑振铎，他出生于浙江温州，是中国现代杰出的爱国主义者、作家、翻译家、艺术史家。

学习活动

湖畔夜饮

丰子恺

前天晚上，四位来西湖游春的朋友，在我的湖畔小屋里饮酒。酒阑人散，皓月当空。湖水如镜，花影满堤。我送客出门，舍不得这湖上的春月，也向湖畔散步去了。柳荫下一条石凳，空着等我去坐，我就坐了，想起小时在学校里唱的春月歌："春夜有明月，都作欢喜相。每当灯火中，团团清辉上。人月交相庆，花月并生光。有酒不得饮，举杯献高堂。"觉得这歌词温柔敦厚，可爱得很！又念现在的小学生，唱的歌粗浅俚鄙，没有福份唱这样的好歌，可惜得很！回味那歌的最后两句，觉得我高堂俱亡，虽有美酒，无处可献，又感伤得很！三个"得很"逼得我立起身来，缓步回家。不然，恐怕把老泪掉在湖堤上，要被月魄花灵所笑了。

回进家门，家中人说，我送客出门之后，有一上海客人来访，其人名叫CT，住在葛岭饭店。家中人告诉他，我在湖畔看月，他就向湖畔去找我了。这是半小时以前的事，此刻时钟已指十时半。我想，CT找我不到，一定已经回旅馆去歇息了。当夜我就不去找他，管自睡觉了。第二天早晨，我到葛岭饭店去找他，他已经出门，茶役正在打扫他的房间。我留了一名片，请他正午或晚上来我家共饮。正午，他没有来。晚上，他又没有来。料想他这上海人难得到杭州来，一见西湖，就整日寻花问柳，不回旅馆，没有看见我留在旅馆里的名片。我就独酌，照例倾尽一斤。

黄昏八点钟，我正在酩酊之余，CT来了。阔别十年，身经浩劫，他反而胖了，反而年轻了。他说我也还是老样子，不过头发白些。"十年离乱后，长大一相逢，问姓惊初见，称名忆旧容。"[①]这诗句虽好，我们可以不唱。略略几句寒暄[②]之后，我问他吃夜饭没有。他说，他是在湖滨吃了夜饭，——也饮一斤酒，——不回旅馆，一直来看我的。我留在他旅馆里的名片，他根本没有看到。我肚里的一斤酒，在这位青年时代共我在上海豪饮的老朋友面前，立刻消解得干干净净，清清醒醒。我说："我们再吃酒！"他说："好，不要什么菜蔬。"窗外有些微雨，月色朦胧。西湖不像昨夜的开颜发艳，却有另一种轻颦浅笑，温润静穆的姿态。昨夜宜于到湖边步月，今夜宜于在灯前和老友共饮。"夜雨剪春韭"[③]，多么动人的诗句！可惜我没有家园，不曾种韭。即使我有园种韭，这晚上也不想去剪来和CT下酒。因为实际的韭菜，远不及诗中的韭菜的好吃。照诗句实行，是多么愚笨的事呀！

女仆端了一壶酒和四只盆子出来，酱鸭，酱肉，皮蛋和花生米，放在收音机旁的方桌上。我和CT就对坐饮酒。收音机上面的墙上，正好贴着一首我写的，数学家苏步青的诗："草草杯盘共一欢，莫因柴米话辛酸。春风已绿门前草，且耐余寒放眼看。"有了这诗，酒味特别的好。我觉得世间最好的酒肴，莫如诗句。而数学家的诗句，滋味尤为纯正。因为我又觉得，别的事都可有专家，而诗不可有专家。因为做诗就是做人。人做得好的，诗也做得好。倘说做诗有专家，非专家不能做诗，就好比说做人有专家，非专家不能做人，岂不可笑？因此，有些"专家"的诗，我不爱读。因为他们往往爱用古典，蹈袭传统；咬文嚼字，卖弄玄虚；扭扭捏捏，装腔做势；甚至神经过敏，出神见鬼。而非专家的诗，倒是直直落落，明明白白，天真自然，纯正朴茂，可爱得很。樽前有了苏步青的诗，桌上酱鸭，酱肉，皮蛋和花生米，味同嚼蜡；唾弃不足惜了！

我和CT共饮，另外还有一种美味的酒肴！就是话旧。阔别十年，身经浩劫。他沦陷在孤岛上，我奔走于万山中。可惊可喜，可歌可泣的话，越谈越多。谈到酒酣耳热的时候，话声都变了呼号叫啸，把睡在隔壁房间里的人都惊醒。谈到二十余年前他在宝山路商务印书馆当编辑，我在江湾立达学园教课时的事，他要看看我的子女阿宝，软软和瞻瞻——《子恺漫画》里的三个主角，幼时他都见过的。瞻瞻现在叫做丰华瞻，正在北平北大研究院，我叫不到；阿宝和软软现在叫丰陈宝和丰宁馨，已经大学毕业而在中学教课了，此刻正在厢房里和她们的弟妹们练习平剧（京剧）！我就喊她们来“参见”。CT用手在桌子旁边的地上比比，说：“我在江湾看见你们时，只有这么高。”她们笑了，我们也笑了。这种笑的滋味，半甜半苦，半喜半悲。所谓“人生的滋味”，在这里可以浓烈地尝到。CT叫阿宝“大小姐”，叫软软“三小姐”。我说：“《花生米不满足》《瞻瞻新官人，软软新娘子，宝姐姐做媒人》《阿宝两只脚，凳子四只脚》等画，都是你从我的墙壁上揭去，制了锌板在《文学周报》上发表的，你这老前辈对她们小孩子又有什么客气？依旧叫‘阿宝’、‘软软’好了。”大家都笑。人生的滋味，在这里又浓烈地尝到了。我们就默默地干了两杯。我见CT的豪饮，不减二十余年前。

我回忆起了二十余年前的一件旧事，有一天，我在日升楼前，遇见CT。他拉住我的手说：“子恺，我们吃西菜去。”我说“好的”。他就同我向西走，走到新世界对面的晋隆西菜馆楼上，点了两客公司菜。外加一瓶白兰地。吃完之后，仆欧送帐单来。CT对我说：“你身上有钱吗？”我说“有！”摸出一张五元钞票来，把帐付了。于是一同下楼，各自回家——他回到闸北，我回到江湾。过了一天，CT到江湾来看我，摸出一张拾元钞票来，说：“前天要你付帐，今天我还你。”我惊奇而又发笑，说：“帐回过算了，何必还我？更何必加倍还我呢？”我定要把拾元钞票塞进他的西装袋里去，他定要拒绝。坐在旁边的立达同事刘薰宇，就过来抢了这张钞票去，说：“不要客气，拿到新江湾小店里去吃酒吧！”大家赞成。于是号召了七八个人，夏丏尊先生，匡互生，方光焘都在内，到新江湾的小酒店里去吃酒。吃完这张拾元钞票时，大家都已烂醉了。此情此景，憬然在目。如今夏先生和匡互生均已作古，刘薰宇远在贵阳，方光焘不知又在何处。只有CT仍旧在这里和我共饮。这岂非人世难得之事！我们又浮两大白。

夜阑饮散，春雨绵绵。我留CT宿在我家，他一定要回旅馆。我给他一把伞，看他的高大的身子在湖畔柳荫下的细雨中渐渐地消失了。我想："他明天不要拿两把伞来还我！"

（节选自《丰子恺文集·文学卷二》）

【注释】

①十年离乱后，长大一相逢，问姓惊初见，称名忆旧容：出自唐代李益的《喜见外弟又言别》，原诗后四句为："别来沧海事，语罢暮天钟。明日巴陵道，秋山又几重。"

②寒暄：问候与应酬。

③夜雨剪春韭：宋代诗人刘允成的诗词。

活动一 丰子恺的这篇文章语言幽默机警、风趣深沉，简析下列句子在文中的妙处。

（1）正午，他没有来。晚上，他又没有来。

（2）我想："他明天不要拿两把伞来还我！"

活动二 文章第六段，作者写到"二十余年前"的"一件旧事"，似与文题无关，可否删去？

活动三 文章两次写到"浓烈地尝到""人生的滋味"，结合全文来看，作者尝到了哪些"人生的滋味"？

学习拓展

丰子恺的朋友很多，他早期的朋友加同事朱光潜在其《丰子恺的人品与画品》中写道："那时候他和我都在上虞白马湖春晖中学教书。他在湖边盖了一座极简单而亦整洁的平屋。同事夏丏尊、朱佩弦、刘薰宇诸人和我都和子恺是吃酒谈天的朋友，常在一块聚会。”请你结合文章《湖畔夜饮》以及丰子恺的三幅漫画——《酒家速写》《主人醉倒不相劝，客反持杯劝主人》《三杯不记主人谁》，谈谈你对丰子恺交友之道的理解。

第17课

胜利还乡记

避寇西窜，流亡十年，终于有一天，丰子恺先生的脚重新踏到了上海的土地。他从宁沪火车上跨到月台上的时候，第一脚特别踏得重些，好比同它握手。北站除了电车轨道照旧之外，其余的都已不可复识了。他还到自己的家乡，又是怀着怎样复杂的情感？

学习活动

胜利还乡记

丰子恺

我率眷投奔朋友家。息了几天，我们就搭沪杭火车，在长安站下车，坐小舟到石门湾去探望故里。

我的故乡石门湾，位在运河旁边。运河北通嘉兴，南达杭州，在这里打一个弯，因此地名石门湾。石门湾属于石门县（即崇德县），其繁盛却在县城之上。抗战前，这地方船舶麇集，商贾辐辏。每日上午，你如果想通过最热闹的寺弄，必须与人摩肩接踵，又难免被人踏脱鞋子。因此石门湾有一句专用的俗语，形容拥挤，叫做“同寺弄里一样”。

当我的小舟停泊到石门湾南皋桥堍的埠头上的时候，我举头一望，疑心是弄错了地方。因为这全非石门湾，竟是另一地方。只除运河的湾没有变直，其他一切都改样了。这是我呱呱[①]堕地的地方。但我十年归来，第一脚踏上故乡的土地的时候，感觉并不比上海亲切。因为十年以来，它不断地装着旧时的姿态而入我的客梦；而如今我所踏到的，并不是客梦中所惯见的故乡！

我沿着运河走向寺弄。沿路都是草棚、废墟，以及许多不相识的人。他们都用惊奇的眼光对我看，我感情兴奋，旁若无人地与家人谈话："这里就是杨家米店，""这里大约是殷家弄了！""喏喏喏，那石埠头还存在！"旁边不相识的人，看见我们这一群陌生客操着道地的石门湾土白谈话，更显得惊奇起来。其中有几位父老，向我们注视了一回，和旁人切切私语，于是注目我们的更多，我从耳朵背后隐约听见低低的话声："丰子恺。""丰子恺回来了。"但我走到了寺弄口，竟无一个认识的人。因为这些人在十年前大都是孩子，或少年，现在都已变成成人，代替了他们的父亲。我若要认识他们，只有问他的父亲叫什么了。"儿童相见不相识，笑问客从何处来"，这两句诗从前是读读而已，想不到自己会做诗中的主角！

"石门湾的南京路"的寺弄，也尽是草棚。"石门湾的市中心"的接待寺，已经全部不见。只凭寺前的几块石板，可以追忆昔日的繁荣。在寺前，忽然有人招呼我。一看，一位白须老翁，我认识是张兰墀。他是当地一大米店的老主人，在我的缘缘堂建筑之先，他也造一所房子。如今米店早已化为乌有，房子侥幸没有被烧掉。他老人家抗战至今，十年来并未离开故乡，只是在附近东躲西避，苟全性命。石门湾是游击区，房屋十分之八九变成焦土，住民大半流离死亡。像这老人，能保留一所劫余的房屋和一掬健康的白胡须，而与我重相见面，实在难得之至，这可说是战后的石门湾的骄子了。这石门湾的骄子定要拉我去吃夜饭。我尚未凭吊缘缘堂废墟，约他次日再见。

从寺弄转进下西弄，也尽是茅屋或废墟，但凭方向与距离，走到了我家染坊店旁的木场桥。这原来是石桥。我生长在桥边，每块石板的形状和色彩我都熟悉。但如今已变成平平的木桥，上有木栏，好像公路上的小桥。桥堍一片荒草地，染坊店与缘缘堂不知去向了。根据河边石岸上一块突出的石头，我确定了染坊店墙界。这石岸上原来筑着晒布用的很高的木架子。染坊司务站在这块突出的石头上，用长竹竿把蓝布挑到架上去晒的。我做儿童时，这块石头被我们儿童视为危险地带。只有隔壁豆腐店里的王囡囡，身体好，胆量大，敢站到这石头上，而且做个"金鸡独立"。我是不敢站上去的。有一次我央另一个人拉住了手，上去站了一会，下临河水，胆战心惊。终被店里的人看见，叫我回来，并且告诉母亲，母亲警戒我以后不准再站。如今百事皆非，而这块石头依然如故。这一带地方的盛衰沧桑，染坊店、缘缘堂的兴废，以及我童年时的事，这块石头一一亲眼看到，详细知道。我很想请它讲一点给我听。但它默默不语，管自突出在石岸上。只有一排墙脚石，肯指示我缘缘堂所在之处。我由墙脚石按距离推测，在荒草地上约略认定了我的书斋的地址。一株野生树木，立在我的书桌的地方，比我的身体高到一倍。许多荆棘，生在书斋的窗的地方。这里曾有十扇长窗，四十块玻璃。石门湾沦陷前几日，日本兵在金山卫登陆，用两架飞机来炸十八里外的石门县，这十扇玻璃窗都震怒，发出愤怒的叫声。接着就来炸石门湾，一个炸弹落在书斋窗外五丈的地方，这些窗曾大声咆哮。我躲在窗内，幸免于难。这些回忆，在这时候一一浮出脑际。我再请墙脚石引导，探寻我们的灶间的地址。约略找到了，但见一片荒地，草长过膝。抗战后一年，民国二十七年，我在桂林得到我的老姑母的信，说缘缘堂虽毁，烟囱还是屹立。这是“烟火不断”之象。老人对后辈的慰藉与祝福，使我诚心感动。如今烟囱已不知去向。而我家的烟火的确不断。我带了六个孩子（二男四女）逃出去，带回来时变了六个成人，又添了一个八岁的抗战儿子。倘使缘缘堂存在，它当日放出六个小的，今朝收进六个大的，又加一个小的作利息，这笔生意着实不错！它应该大开正门，欢迎我们这一群人的归来。可惜它和老姑母一样作古，如今只剩一片蔓草荒烟，只能招待我们站立片时而已！大儿华瞻，想找一点缘缘堂的遗物，带到北平去作纪念。寻来寻去，只有蔓草荒烟，遗物了不可得。后来用器物发掘草地，在尺来深的地方，掘得了一块焦木头。依地点推测大约是门槛或堂窗的遗骸。他髫龄②的时候，曾同它们共数晨夕。如今他收拾它们的残骸，藏在火柴匣里，带它们到北平去，也算是不忘旧交，对得起故人了。这一晚我们到一个同族人家去投宿。他们买了无量的酒来慰劳我，我痛饮数十钟，酣然入睡，梦也不做一个。次日就离开这销魂的地方，到杭州去觅我的新巢了。

（节选自《丰子恺文集·文学卷二》）

【注释】

①呱呱（gū gū）：形容婴儿哭声。

②髫龄（tiáo líng）：指幼年。

活动一 经历十年流亡，作者重新踏上让他魂牵梦绕的故乡时，却感慨“并不是客梦中所惯见的故乡”，阅读全文，概括作者的故乡发生了哪些变化。

活动二 在这篇文章中，作者并没有剑拔弩张地对敌寇的侵略暴行进行谴责，而是把思想感情蕴含在如实的叙述中，虽然这样，却依然让我们感受到作者内心的悲痛与愤懑，请从文章中找出一处这样的细节，举例分析。

活动三 下面这幅漫画是作者返回故乡凭吊缘缘堂旧址时画下的一幅漫画。请结合文章相关段落，分析作者在这幅漫画中寄予的情感。

学习拓展

故 乡

丰子恺

在古人的诗词中，可以看见“归”，“乡”，“家”，“故乡”，“故园”，“作客”，“羁旅”等字屡屡出现，因此可以推想古人对于故乡是何等地亲爱，渴望，而对于离乡作客是何等地嫌恶的。其例不胜枚举。普通的如：

举头望明月，低头思故乡。（李白）
白日放歌须纵酒，青春作伴好还乡。（杜甫）
共看明月应垂泪，一夜乡心五处同。（白居易）
故园东望路漫漫，双袖龙钟泪不干。（岑参）
不知何处吹芦管，一夜征人尽望乡。（李益）
等是有家归未得，杜鹃休向耳边啼。（张泌）
想得故园今夜月，几人相忆在江楼。（杜荀鹤）
故园此去千余里，春梦犹能夜夜归。（顾况）
万里悲秋常作客。（杜甫）
忽闻歌古调，归思欲沾襟。（杜审言）
老至居人下，春归在客先。（刘长卿）
羁旅长堪醉，相留畏晓钟。（戴叔伦）

随便拿本《唐诗三百首》来翻翻，已经翻出了一打的实例了。我曾经说过，古人的诗词集子，几乎没有一页中没有“花”字，“月”字，“酒”字。现在又觉得“乡”字之多也不亚于上三者。由此推想，古人所大欲的大概就是花”，“月”，“酒”，“乡”四事。一个人只要能一生涯坐在故乡的家里对花邀月饮酒，就得其所哉。

现代人就不同：即使也不乏欢喜对花邀月饮酒的人，但不一定要在故乡的家里。不但如此，他们在故乡的家里对花邀月饮酒反而不畅快，因为乡村大都破产了。他们必须离家到大都会里去，对人为的花，邀人造的月，饮舶来的洋酒，方才得其所哉。

所以花，月，和酒大概可以长为人类所爱慕之物；而乡之一字恐不久将为人所忘却。即使不被忘却，其意义也得变更：失却了“故乡”的意义，而仅存“乡村破产”的“乡”字的意义。

这变迁，原是由于社会状态不同而来。在古昔的是农业时代，一家可以累代同居在故乡的本家里生活。但到了现今的工商业时代，人都离去了破产的乡村而到大都会里去找生活，就无暇纪念他们的故乡。他们的子孙生在这个大都会里，长大后又转到别个大都会里去找生活，就在别个大都会里住家。在他们就只有生活的地方，而无所谓故乡。“到处为家”，在古代是少数的游方僧，侠客之类的事，在现代却变成了都会里的职工的行为，故前面所举的那种诗句，现在已渐渐失却其鉴赏的价值了。现在都会里的人举头望见明月，低头所思的或恐是亭子间里的小家庭。而青春作伴，现代人看来最好是离乡到都会去。至于因怀乡而垂泪，沾襟，双袖不干，或是春梦夜夜归乡，更是现代的都会之客所梦想不到的事了。艺术与生活的关系，于此可见一斑。农业时代的生活不可复现。然而大家离乡背井，拥挤到都会里去，又岂是合理的生活？

（节选自《丰子恺文集·文学卷一》）

活动一 阅读丰子恺散文《故乡》，结合《胜利还乡记》以及你自己的生活体验，谈谈你对“故乡”一词的理解。

第18课

乡愁与艺术

对老一辈人来说，一棵老树、一间老屋、一出家乡戏，或是一泓碧水，每个地方都有自己的根脉、灵魂和风韵，每个地方的人也有着独特的“乡愁”记忆。如今，城镇化已渐渐淹没了“乡愁”，“乡愁”始终与自己的童年、亲人联系在一起，永远牵引着一个人的思绪和想念。

学习活动

乡愁与艺术
——对一个南洋华侨学生的谈话

丰子恺

你现在是到你的故乡来读书。然而你又像到异邦，不但离家数千里，举目无亲，而且连故乡的气候，风土，人情，都不惯于你。这是何等奇怪的情形！我想，身处这样的地位的你，有时心中一定生起异常的感觉。这异常的感觉之中，我想一定会有一种悲哀。这种悲哀，叫做“乡愁”。乡愁，就是你侨居在异土，而心中怀念你的祖国时所起的一种悲哀。实际上，在南洋有你的家庭，又是你的生地，环境又都适合于你；上海没有你的戚族，又是你初次远游到的地方，温带的气候，江南的风俗人情，又都不适合于你。然而那边是外国，这里是你的故乡。所以你如果有乡愁，你的乡愁一定与我从前旅居日本时的乡愁性质不同，你的比我的更复杂而奇离。我是犹之到朋友亲戚家作客，你是，犹之送给人家做干儿子了。此地是你的真的娘家，现在你是暂时回娘家来，但你已不认识你的母亲，心中想着“这是我的生母，但是我为什么对她这样陌生呢？”像你的年纪，一定已经有这种“乡愁”的经验的可能了。

乡愁，nostalgia，这个名词实在是很美丽。这是一种weetsorrow（甘美的愁）。世间有一种人，叫做cosmopolitan，即世界人。想起来这大概是“到处为家”的人的意义。到处为家，随寓而安，也有一种趣味，也是一种处世的态度。但是乡愁也是有趣的，也是一种自然而美丽的心境。尤其是像你那种性质的乡愁，趣味更为深远。凡人的思想，浅狭的时候，所及的只是切身的，或距身不远的时间与空间越深长起来，则所及的时间空间的范围越大。例如小孩，或愚人，头脑简单，故只知目前与现在，智慧的大人有深长的思想，故有世界的与永劫的眼光。你在南洋的家中，衣丰食足，常是团圆的欢喜的日子，平日固然不会发生什么“愁”；但如果你的思想深长起来，想到你的一生的来源的时候，你就至少要一想“中国”了。“我是中国人，我的血管里全是中国人的血，同我周围的人的血管是不相通的。”如果这样想的时候，幽而美的乡愁就来袭你的心了。

我告诉你：我的赞美乡愁，不是空想的，不是狂文学的，不是故意来慰安你，更不是讨好你。幽深的，微妙的心情，往往发而为出色的艺术，这是实在的事情。例如自来的大艺术家，大都是怀抱一种郁勃的心情的。这种郁勃的心情，混统地说起来，大概是对于人生根本的，对于宇宙的疑问。表面地说起来，有的恼于失恋，有的恼于不幸。历来许多的艺术家，尤其是音乐家，诗人，其生平都有些不如意的苦闷，或颠倒的生活。

还有一个大家都晓得乡愁的艺术家，是音乐家肖邦[①]（Chopin）。肖邦是近代的所谓法国式浪漫乐派的九大家之一，他是披雅娜〔钢琴〕名手，俄国大音乐家罗平喜泰〔鲁宾斯坦〕[②]因曾赞他为“披雅娜诗人”。他的作曲非常富于美丽的热情，其情思的缠绵悱恻，委曲流丽，有女性的气质。他所最多作的乐曲，是所谓“夜曲”（“nocturne”），一种西洋乐曲名，用披雅娜或怀娥铃〔小提琴〕奏。其次是“马兹尔加”〔“玛祖卡”〕（“mazurka”）“波罗耐斯”〔“波洛涅兹”〕（“polonaise”）舞曲等。现在上海的各乐器店内，均有肖邦的作曲出售，懂得一点弹披雅娜的人，大概都能弹肖邦的夜曲。故你们听到“夜曲”，便联想到它的作者肖邦，好像夜曲是肖邦所专有的了。

“夜曲”，即使你没有听到过，但看字面，也可猜谅这种乐曲的情趣。“夜”的曲，总是“幽”的，“静”的，“美丽”的，“热情”的，“感伤”的。肖邦何以专作这样幽静的，美丽的，热情的，感伤的音乐呢？也是乡愁的力所使然的！

大家晓得肖邦是生于法国的，平日是飘泊在柏林、巴黎的。独不知他的父亲虽是法国人，但他的母亲是波兰人。波兰是已经亡国了的。故肖邦的血管里，是情热的法兰西系与亡国的哀愁的波兰系的交流。生活在法兰西，以法兰西人为父亲，而又具有波兰人的血统，波兰人气质，以波兰人为母亲，就使他感念自己的身世，酿成许多乡愁的块垒在胸中，发泄而为那种幽美的，热情的，感伤的音乐。

肖邦是披雅娜〔piano〕大家，西洋音乐界上自出了十八世纪的音乐救世主罢哈〔巴赫〕(Bach)以后，从未有像肖邦的理解披雅娜的人。所以他有“披雅娜诗人”的称誉，又被称为“披雅娜之魂”。肖邦苦于失恋，死于肺病，生涯如此多样，故作风亦全是美丽的感情的。他平生多忧善病，故作品中有女性的情调。他又有贵族的性格，在作品中也时时现出一种贵族的delicacy〔纤雅〕。故他的作品，可说全是性格的照样的反映。他的作曲，一方面温厚，正大，充满诗趣，他方面其旋律句又都有勾引人心的魔力。你可惜没有听到过他的作曲。你听起来，我想你的心一定被勾引，如果你胸中也怀着一种甘美的乡愁。

这两个艺术家，可称为“乡愁的艺术家”。我所谓乡愁发泄于艺术上的，就是指这种人。

（节选自《丰子恺文集·艺术卷一》）

【注释】

① 肖邦：弗里德里克·弗朗索瓦·肖邦（1810年—1849年），19世纪波兰作曲家、钢琴家。代表作《降E大调辉煌大圆舞曲》《降E大调夜曲》《c小调革命练习曲》《波洛涅兹舞曲：军队》。

② 安东·鲁宾斯坦，俄罗斯犹太裔作曲家、钢琴家。代表作品《F大调旋律》《德蒙》等20部歌剧、《海洋》等6部交响曲等。

活动一 在作者看来，乡愁与艺术是怎样一种关系？阅读全文，简要分析。

活动二 结合文中肖邦的例子，以及下面的链接材料，谈谈你对“乡愁”的理解。

链接材料

第一，我赞美所谓乡愁，不是说有了愁便可创作艺术，也不是教你学愁。所谓乡愁，其实并非实际地企求归复故乡而不得，而发生的愁。这是一种渺然的，淡然的，不知不觉地笼罩人心的愁绪。换个说法，凡衣食丰足的幸福者，必感情少刺激，生活平易；处于飘泊的境遇的人，往往多生感触，感触多则生愁绪，这种愁，宁可说是一种无端的愁，无名的愁（nameless sorrow），即所谓“忧来无方”“愁来无路”，不是认真企图返故乡、归祖国而不得的愁。如果是认真企图返故乡、归祖国而不得的愁，那就切于现实，与商人图利不得，兵官出仗不胜的懊恼同样，全无诗趣，更不甘美了。

第二，我赞美乡愁，不是鼓吹“女性化”，提倡“柔弱温顺”。凡真是“优美”的，同时必又是“严肃”，“有力”的。否则这“优美”就变成偏缺的“柔弱”，是不健全的了。乡愁，尤其是像肖邦的态度，表面看来似乎是偏于“柔弱”“阴涩”的“女性化”的，其实并非这样简单。肖邦的作曲，听起来一面“优美纤雅”，一面又“温厚”“正大”，决不是“弱”的，“晦”的之谓。只要看“夜曲”的夜，即大自然的夜，就可明白了。我们对于昼夜，自然感情不同，但决不是昼阳的，夜阴的，昼明的，夜晦的，昼强的，夜弱的，昼严的，夜宽的，昼男性的，夜女性的。昼明夜晦全是表面的看法。在人——尤其是富于情感的人的感情上，夜有夜的阳处，夜的明处，夜的强处，夜的严处，夜的男性处。肖邦的气质，便与“夜”同样，我所赞美的乡愁，也并非单是教人效“儿女依依”之态。人的感情，其实刚中有柔，柔中有刚，英雄的一面是儿女，儿女的一面是英雄。

——选自丰子恺《乡愁与艺术——对一个南洋华侨学生的谈话》

学习拓展

“乡愁”也是丰子恺漫画创作的一大主题，请根据你对丰子恺的了解，结合他的文章，谈谈你对《无言独上西楼》这幅漫画的理解。

第19课

歌唱祖国

聆听《祖国进行曲》，了解歌曲作曲家杜纳耶夫斯基富有感情的演唱，体会丰子恺的爱国主义情怀。

学习活动

杜纳耶夫斯基

丰子恺

杜纳耶夫斯基是现代苏联著名的歌曲作家，同时又是伟大的音乐事业家。这《祖国进行曲》的乐曲是杜纳耶夫斯基作的，歌词是列别节夫·库马奇作，椿芳译的。这歌是反复唱三遍的。独唱部还有两首歌词，抄录在下面：

（二）我们田野你再不能辨认，
我们城市你再记不清；
我们骄傲的称呼是同志，
它比一切尊称都光荣，
有这称呼各处都是家庭，
不分人种黑白棕黄红；
这个称呼无论谁都熟悉，
凭着它就彼此更亲密。

（三）春风荡漾在广大的地面，
生活一天一天更快活；
世上再也没有别的人民，
更比我们能够欢笑，
如果敌人要来毁灭我们，
我们就要起来抵抗；
我们爱着祖国有如情人，
我们孝顺祖国像母亲。

祖国进行曲

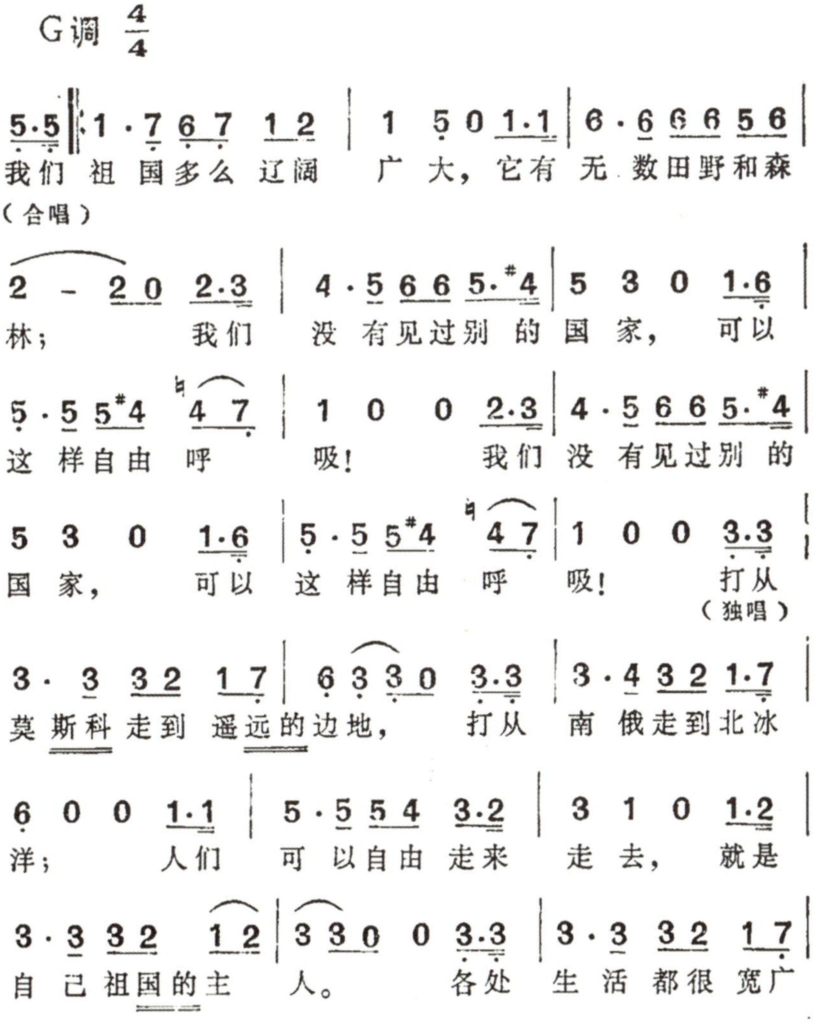

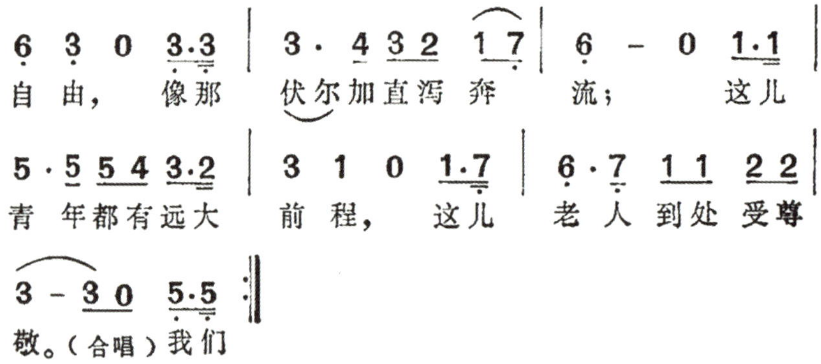

还有一曲，也是最近脍炙中国青年人口的，也抄出在下面：

我的莫斯科

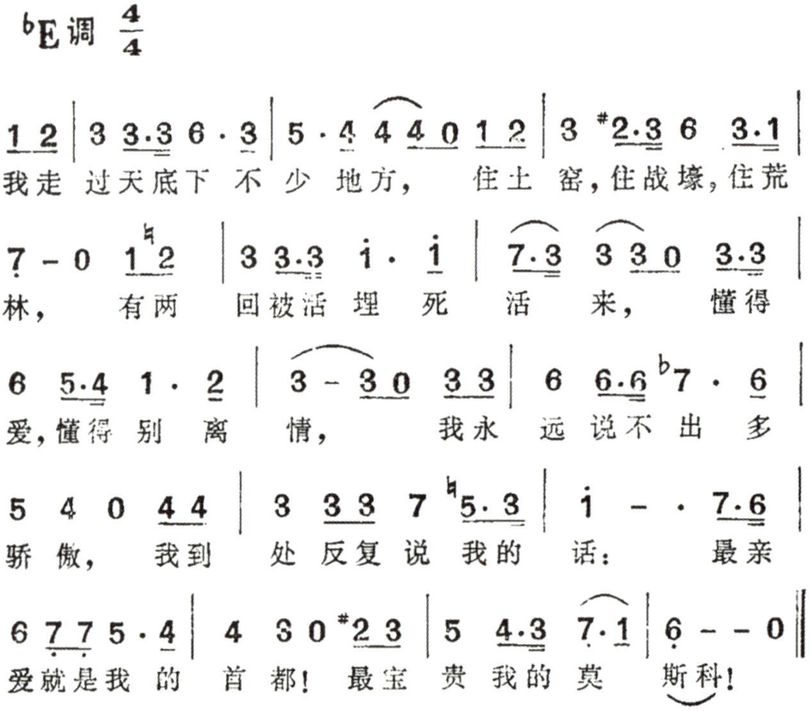

（二）我珍爱莫斯科四面丛林，

我也爱你的河，你的桥，

我也爱你的红场啊红场，

也爱听克里姆林宫钟声，

从城市到顿河各乡村，

讲历史讲神话总有你。
最亲爱就是我的首都！
最宝贵我的莫斯科！

（三）那一年秋天冷，杀气腾腾，
坦克叫，劈刺刀，闪亮光，
说起那二十八个英雄汉，
让光荣归于你亲娘。
纳粹党急跺脚，急跳墙，
没办法按得下你的头。
最亲爱就是我的首都！
最宝贵我的莫斯科！

（四）我们在莫斯科感到光荣，
教胜利太阳光升起来，
祝贺你推不动也打不翻，
里面有斯大林住着在。
说起你说不出多骄傲，
你光荣直活到万万代！
最亲爱就是我的首都！
最宝贵我的莫斯科！

这是杜纳耶夫斯基作曲，里相斯基·阿格拉年作歌词，马璟舒、廖辅叔合译为中文的。

这两首歌曲一流传到中国，立刻被广大群众所爱唱。这是什么原故呢？因为杜纳耶夫斯基是苏联有名的“大众歌曲作者”，苏联的最高会议曾经授他红旗奖的。

杜纳耶夫斯基的音乐天才，完全是属于民众方面的。他作曲用自然的乐句，愉快的节奏，和乐天的作风。他的作品人人都能够理解。在苏联，能够用音乐来联络二百零九个民族的，只有杜纳耶夫斯基一人。

（节选自《丰子恺文集·艺术卷四》）

活动一 《祖国进行曲》被公认为作曲家杜纳耶夫斯基的最高艺术成就，是苏联的第二国歌。中国作曲家王莘创作的《歌唱祖国》就是脱胎于此，并且获得同样的殊荣。

请从两首歌曲的节拍、节奏、力度、速度等角度比较两首歌曲的相同点与不同点。

比较音乐要素	《祖国进行曲》	《歌唱祖国》
节拍		
节奏		
力度		
速度		
旋律		

活动二 学唱歌曲旋律，想一想歌曲的旋律走向以上行、下行、平行哪一类旋律进行比较多？音程之间最大跨度为几度音程？为什么作曲家要这样创作？

5.5 1.7 6.7 1 2 | 1 5 类似这样的上行旋律较多，多次采用八度的大跨度音程，演唱时要注意音准的掌握。上行的旋律给人以积极向上的感觉，作曲家如此创作，反映了当时苏联人民的欢乐和自豪的心情。

学习拓展

通过歌曲的学习，请结合《丰子恺文集·艺术卷》品味苏联音乐的艺术魅力和丰子恺先生的爱国主义情感，并拓展聆听更多的爱国主义主题的苏联音乐，说说这些音乐对当时的中国音乐有哪些影响。

第20课

不朽的音乐家

聆听肖邦创作的《葬礼进行曲》，理解音乐内涵，用适当的形体动作进行律动来感受音乐；感受贝多芬《命运交响曲》不同乐章表现的不同内容，学习他们百折不挠的精神。

学习活动

肖　邦

丰子恺

以爱国的热情及瞑想的忧郁为特色的波兰，由来是钢琴音乐的王国。代表这民族性而为十九世纪浪漫乐派的巨匠的，是肖邦。肖邦有“钢琴诗人”的美称。

肖邦的气质，是波兰民族性的洁晶；是热情中之热情者，忧郁中之忧郁者，他的全生活犹如是一缕凄凉的小调的旋律。所谓“亡国之音哀以思”，肖邦正是一个适例。他的一生是哀愁的连续。

肖邦平居欢喜笼闭在阴暗的房室中，点一支蜡烛，在幽静的火炉边弹钢琴。他的朋友们群集在窗外倾耳窃听，大家非常感激。他从来不欢喜在音乐会中对公众出席演奏，偏生欢喜独自在暗室中弹琴，所以他的演奏很不容易听到。肖邦平时常穿黑色的衣服，风貌温雅。蓝色的瞳，白而长的脸，高高的鼻，清朗的声音，小巧的身材，细弱的手足，都表明着他的温雅纤细的感情与强烈深刻的情绪。他住在巴黎，但避去交际社会，最喜欢孤独与幽静。说起肖邦，容易使我们想起他的幽丽的“夜乐”〔“夜曲”〕(nocturne)；

他的人也与夜乐一样幽丽。

波兰革命起义的时候，肖邦正在华沙。华沙音乐学校的学生大家来庆贺，群集在肖邦的室中高呼，唱歌，赞颂这青年的波兰音乐家，又赠他一只银杯，里面盛着波兰的泥土，以表示祝贺其祖国之意。革命爆发的时候，肖邦已迁居维也纳了。

然而波兰革命终于失败，不久传到了华沙陷落的惨报。青年的肖邦得知了祖国革命失败的消息，心中顿起无限的哀伤。有名的《C短调练习曲》〔《C小调练习曲》〕(《Etude；n C moll》)，便是记录这时候的悲哀的，所以此曲又名为《革命练习曲》。在他的日记中又这样记录着：

“我时时向着钢琴恸哭，绝望。神啊！请掀翻这片大地，吞灭十九世纪的人类！”

肖邦是患肺病的。一八三八年，他的病势加重，就同了恋人乘船到西班牙南方的温暖的岛上去养病。他带着肺病和一口钢琴，那无知的岛国之民不许他上陆。结果请他住在山腹的修道院的废墟中。那地方很清静，倒很适合肖邦的意思。他对着南国的碧海青天，心中十分欢喜，作出许多真珠似的小曲。

肖邦终于死于肺病。临终的时候，请一波兰僧人来为他行最后的忏悔及圣餐礼。他自己又请求友人某伯爵夫人为他唱圣母赞歌，反复数遍。又命取出音乐院学生所赠的盛祖国的泥土的银杯，托他们把这祖国的土撒在他的棺上。不久他就带了亡国之恨及祖国之土，一并长埋在地下了。

肖邦是凄婉幽丽的夜乐的作者(例如作品第九第二的《降E调夜乐》，作品第十五第二的《升F调夜乐》，最为著名)，同时又是慷慨激昂的《革命练习曲》《军队舞曲》《英雄舞曲》的作者。肖邦没有像贝多芬的确实与深刻，但自有其独特的热情。肖邦有像门德尔仲〔门德尔松〕的纤细与洗练，但不像门德尔仲地懦弱无力。他还有燃烧一般的情火。这正是肖邦的近代人的优点。

（节选自《丰子恺文集·艺术卷二》）

活动一 聆听《葬礼进行曲》，说说这首乐曲的演奏乐器是什么，带给你怎样的感受。再次聆听乐曲，小组讨论乐曲的速度、力度、情绪是怎样的，并填写下表。

葬礼进行曲

速度	力度	情绪

活动二 聆听贝多芬《命运交响曲》“命运动机”，请用手势把刚才听到的这几个音的音高关系表现出来。这三短一长的四个音符以强有力的力度连续奏响两次，这四个音符就是著名的“命运动机”！贝多芬曾解释这四个音就是“命运在敲门”！它既像是一种严厉的警告，又像是惊惶不安的战栗，预示着悲剧性命运的降临。说说这四个音通过各种不同的变化、反复给我们呈现了一个怎样的命运呢？跟着老师边听音乐边用图形谱表示这条旋律的变化，发现“命运动机”的第一次变化，力度极强到极弱再到极强。完整聆听主部主题。

活动三 聆听副部主题。你觉得副部主题和主部主题哪些方面不一样？由男女生演唱副部主题旋律，女生表现副部优美的旋律，男生来表现命运动机逐渐变强的过程。当两个主题汇合在一起后，发展出的是被黑暗的命运所淹没的还是光明正义的形象？请完整聆听并分析乐曲曲式结构。

学习拓展

了解肖邦、贝多芬的生平和作品创作背景。结合《丰子恺文集·艺术卷》的介绍，小组讨论为什么德国作曲家舒曼把肖邦的音乐比作“藏在花丛中的大炮”？为什么说贝多芬的音乐开启了浪漫主义音乐的先河？丰子恺评论贝多芬是哪三种面向？你对莫扎特、舒伯特、舒曼、柴可夫斯基等音乐家有哪些了解？他们有哪些代表作？你最喜欢哪一位音乐家？请写在下面。

第21课

丰子恺的书法（二）

感受丰子恺书法艺术中表现出来的质朴纯正、亲切近人的气质。

学习活动

欣赏丰子恺的书法，上下结构的字和左右结构的字，两部分之间往往相辅相成，既有因不稳而造成的张力，又有一种力的和谐。而每列字中，又往往是左顾右盼，摇曳多姿，互相呼应。很少有规整地呆在一条直线上的一列字。

——引自郑国贤《丰子恺的书法艺术及其现代启示》

优良的书法，就小处看，各直东歪西倒，并不垂直；各画左倾右侧，并不并行。然而就全体看，调和圆满，一气呵成。以前所认为东歪西倒左倾右侧的，不但不是毛病，竟非如此不可。于此可见书法艺术的妙处。

——引自丰子恺《艺术修养基础·书法略说》

活动一 丰子恺的书法作品中的结构特色鲜明，植根于魏碑，中宫收紧，笔画向四围撑开，上下、左右结构的字位置关系处理巧妙，呈现在作品中字形结构的大小、扁长、收放自然组合，形成风格独特的“丰家样”。根据下图中的标线，分析丰子恺书法作品中的字形结构特点。

活动二 丰子恺的书法风格在近现代书法史上独树一帜，在书法艺术作品中我们可以看到不同字体形态融合在一起，达到了既多样又统一。用笔、结字和章法上具有强烈的个性，收缩横笔，放纵竖笔和捺笔，颇具形式上的“节律感”，欣赏丰子恺的书法，总让人感到一股奇崛流宕之气扑面而来，作品雅俗共赏、书风天真烂漫。你能从下列作品中欣赏到“节律感”吗？

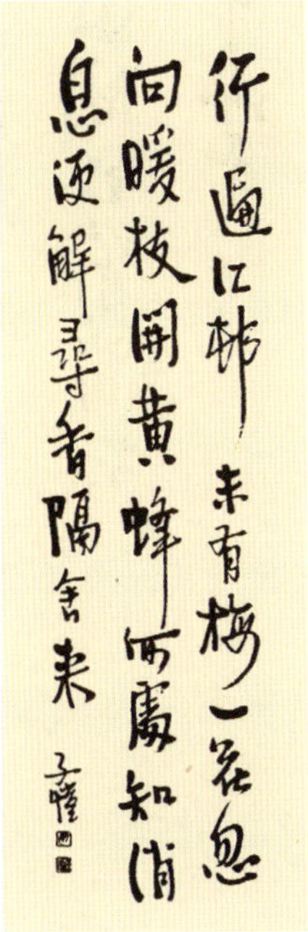

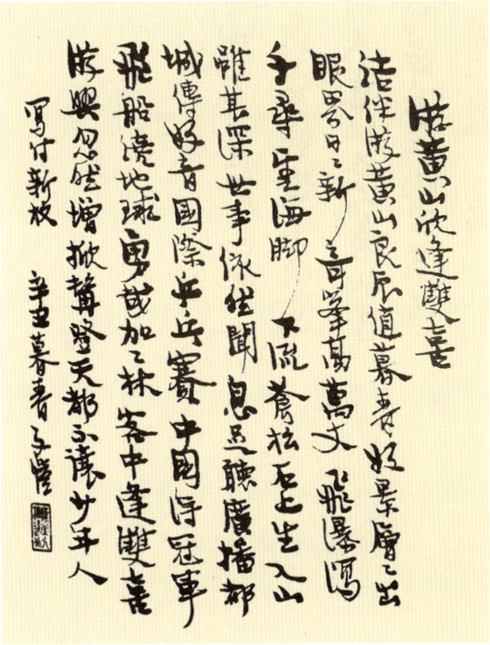

活动三 “文艺之事，无论绘画，无论文学，无论音乐，都要与生活相关联，都要是生活的反映，都要具有艺术的形式，表现的技巧，与最重要的思想感情”。丰子恺先生的书法，无论是单独的书法作品，还是画上的款识，其拙朴纯正的书风，均给人以强烈的印象。他的书法尽管从没有引起轰动效应，但在当今书法界冷静沉思之时，细读丰子恺先生为我们留下的书法作品，会使我们联想到书法艺术怎样才能真正反映出我们的思维、时代、生活和社会。

——引自郑国贤《丰子恺的书法艺术及其现代启示》

分析以下书法作品，品读作品内容，能感悟丰子恺怎样情感世界？

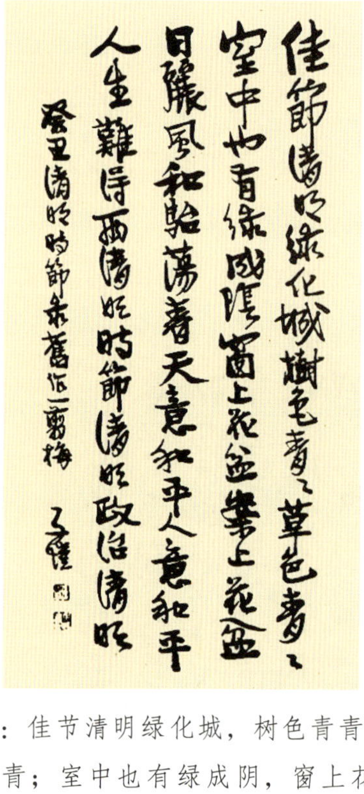

释文：佳节清明绿化城，树色青青，草色青青；室中也有绿成阴，窗上花盆，案上花盆。日丽风和骀荡春，天意和平，人意和平；人生难得两清明，时节清明，政治清明。癸丑清明时节录旧作《一剪梅》，子恺。

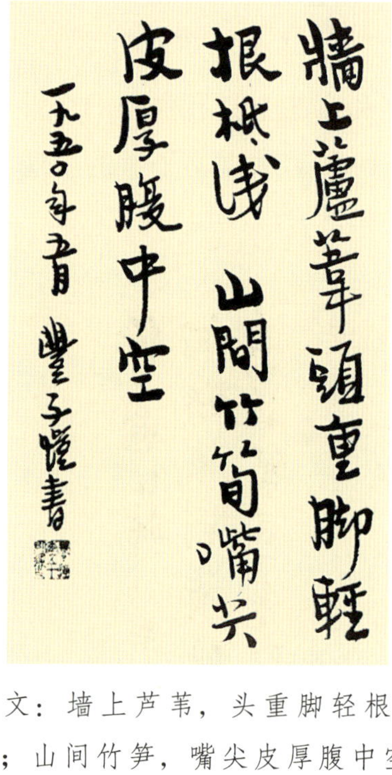

释文：墙上芦苇，头重脚轻根柢浅；山间竹笋，嘴尖皮厚腹中空。一九五零年五月，丰子恺书。

学习拓展

丰子恺的作品受李叔同影响，喜用实笔，笔法充实厚重，外廓清晰，凝炼成天真、古拙、活泼富有趣味的风格，配合人生情趣事件的视觉化捕捉和文学性表达，图文洋溢着率真和坦然，浸润着浓浓的文人纯真志节，既有真挚的生活体悟，又得多种艺术的协调益彰。请分析丰子恺书法作品中的艺术精神。

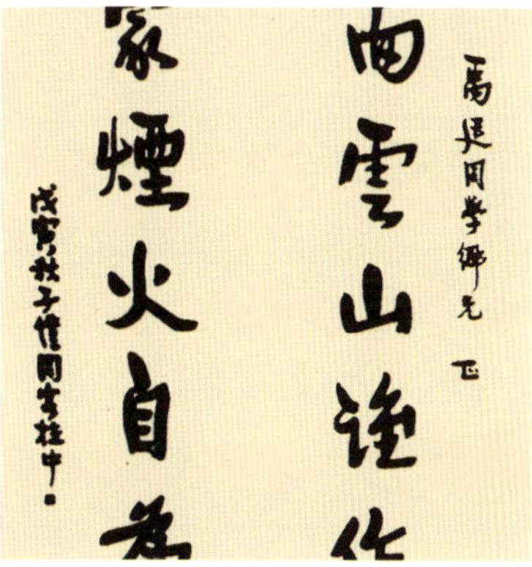

第22课

中举人

学习了吴敬梓的《范进中举》之后，我们再学一篇丰子恺先生的《中举人》。举人是参加全省范围的科举考试（乡试）及格后所取得的资格，明清时亦称作“孝廉”。乡试每三年举行一次。乡试由进士出身的各部官员或翰林主考，由各省行政长官担任监考官。参加乡试的考生必须是秀才，地点在各省的贡院。乡试分三场，内容是八股文、试帖诗、表、判、论、策等。

学习活动

中举人

丰子恺

我的父亲是清朝光绪年间最后一科的举人。他中举人时我只四岁，隐约记得一些，听人传说一些情况，写这篇笔记。话须得从头说起：

我家在明末清初就住在石门湾。上代已不可知，只晓得我的祖父名小康，行八，在这里开一爿染坊店，叫做丰同裕。这店到了抗日战争开始时才烧毁。

祖父早死，祖母沈氏，生下一女一男，即我的姑母和父亲。祖母读书识字，常躺在鸦片灯边看《缀白裘》等书。打瞌睡时，往往烧破书角。我童年时看到过这些烧残的书。她又爱好行乐。镇上演戏文时，她总到场，先叫人搬一只高椅子去，大家都认识这是丰八娘娘的椅子。她又请了会吹弹的人，在家里教我的姑母和父亲学唱戏。邻近沈家的四相公常在背后批评她：“丰八老太婆发昏了，教儿子女儿唱徽调。”因为那时唱戏是下等人的事。但我祖母听到了满不在乎。我后来读《浮生六记》，觉得我的祖母颇有些像那芸娘。

父亲名𬭚，字斛泉，从廿六、七岁时就参与大比。大比者，就是考举人，三年一次，在杭州贡院中举行，时间总在秋天。那时没有火车，便坐船去。运河直通杭州，约八九十里。在船中一宿，次日便到。于是在贡院附近租一个“下处”，等候进场。祖母临行叮嘱他：“斛泉，到了杭州，勿再埋头用功，先去玩玩西湖。胸襟开朗，文章自然生色。”但我父亲总是忧心忡忡，因为祖母一方面旷达，一方面非常好强。曾经对人说：“坟上不立旗杆，我是不去的。”那时定例：中了举人，祖坟上可以立两个旗杆。中了举人，不但家属亲戚都体面，连已死的祖宗也光荣。祖母定要立有旗杆才到坟上，就是定要父亲在她生前中举人。我推想父亲当时的心情多么沉重，哪有兴致玩西湖呢？

每次考毕回家，在家静候福音。过了中秋消息沉沉，便确定这次没有考中，只得再在家里饮酒、看书、吸鸦片，进修三年，再去大比。这样地过了三次，即九年，祖母日渐年老，经常卧病。我推想当时父亲的心里多么焦灼！但到了他三十六岁那年，果然考中了。那时我年方四岁，奶奶抱了我挤在人丛中看他拜北阙，情景隐约在目。那时的情况是这样：

父亲考毕回家，天天闷闷不乐，早眠晏起，茶饭无心，祖母躺在床上，请医吃药。有一天，中秋过后，正是发榜的时候，染店里的管帐先生，即我的堂房伯伯，名叫亚卿，大家叫他“麻子三大伯”的，早晨到店，心血来潮，说要到南高桥头去等“报事船”。大家笑他发呆，他不顾管，径自去了。他的儿子名叫乐生，是个顽皮孩子（关于此人，我另有记录），跟了他去。父子两人在南高桥上站了一会，看见一只快船驶来，锣声哐哐不绝。他就问：“谁中了？”船上人说：“丰𬭚，丰𬭚！”乐生先逃，麻子三大伯跟着他跑。旁人不知就里，都说：

“乐生又闯了祸了，他老子在抓他呢。”

麻子三大伯跑回来，闯进店里，口中大喊：“斛泉中了！斛泉中了！”父亲正在蒙被而卧。麻子三大伯喊到他床前。父亲讨厌他，回说：“你不要瞎说，是四哥，不是我！”四哥者，是我的一个堂伯，名叫丰锦，字浣江，那年和父亲一同去大比的。但过了不久，报事船已经转进后河，锣声敲到我家里来了。“丰镄接诰封！丰镄接诰封！”一大群人跟了进来。我父亲这才披衣起床，到楼下去盥洗。祖母闻讯，也扶病起床。

我家房子是向东的，于是在厅上向北设张桌子，点起香烛，等候新老爷来拜北阙。麻子三大伯跑到市里，看见烟子、粽子就拿，拿回来招待报事人。那些卖烟子、粽子的人，绝不同他计较。因为他们都想同新贵的人家结点缘。但后来总是付清价钱的。父亲戴了红缨帽，穿了外套走出来，向北三跪九叩，然后开诰封。祖母头上拔下一支金挖耳来，将诰封挑开，这金挖耳就归报事人获得。

报事人取出“金花”来，插在父亲头上，又插在母亲和祖母头上。这金花是纸做的，轻巧得很。据说皇帝发下的时候，是真金的，经过人手，换了银花，再换了铜花，最后换了纸花，但不拘怎样，总之是光荣。表演这一套的时候，我家里挤满了人。因为数十年来石门湾不曾出过举人，所以这一次特别稀奇。我年方四岁，由奶奶抱着，挤在人丛中看热闹，虽然莫名其妙，但到现在还保留着模糊的印象。

两个报事人留着，住在店楼上写“报单”。报单用红纸，写宋体字：“喜报贵府老爷丰镄高中庚子辛丑恩政并科第八十七名举人。”自己家里挂四张，亲戚每家送两张。这“恩政并科”便是最后一科，此后就废科举，办学堂了。本来，中了举人之后，再到北京“会试”便可中进士，做官。举人叫做金门槛，很不容易跨进；一跨进之后，会试就很容易，因为人数很少，大都录取。但我的父亲考中的是最后一科，所以不得会试，没有官做，只得在家里设塾授徒，坐冷板凳了。这是后话。且说写报单的人回去之后，我家就举行“开贺”。房子狭窄，把灶头拆掉，全部粉饰，挂灯，结彩。附近各县知事，以及远近亲友都来贺喜，并送贺仪。这贺仪倒是一笔收入。有些人要“高攀”，特别送得重。客人进门时，外面放炮三声，里面乐人吹打。客人叩头，主人还礼。礼毕，请客吃“跑马桌”。跑马桌者，不拘什么时候，请他吃一桌酒。这样，免得大排筵席，倒是又简便又隆重的办法。开贺三天，祖母天天扶病下楼来看，病也似乎好了一点。父亲应酬辛劳，全靠鸦片借力。但祖母经过这番兴奋，终于病势日渐沉重起来。父亲连忙在祖坟上立旗杆。

不多久，祖母病危了。弥留时问父亲：“坟上旗杆立好了吗？”父亲回答：“立好了。”祖母含笑而逝。于是开吊，出丧，又是一番热闹，不亚于开贺的时候。大家说：“这老太太真好福气！”我还记得祖母躺在尸床上时，父亲拿一叠纸照在她紧闭的眼前，含泪说道：“妈，我还没有把文章给你看过。”其声呜咽，闻者下泪。后来我知道，这是父亲考中举人的文章的稿子。那时已不用八股文而用策论，题目是《汉宣帝信赏必罚，综核名实论》和《唐太宗盟突厥于便桥，宋真宗盟契丹于澶州论》。

父亲三十六岁中举人，四十二岁就死于肺病。这五六年中，他的生活实在很寂寥。每天除授徒外，只是饮酒看书吸鸦片。他不吃肥肉，难得吃些极精的火腿。秋天爱吃蟹，向市上买了许多，养在缸里，每天晚酌吃一只。逢到七夕、中秋、重阳佳节，我们姐妹四五人也都得吃。下午放学后，他总在附近沈子庄开的鸦片馆里度过。晚酌后，在家吸鸦片，直到更深，再吃夜饭。我的三个姐姐陪着他吃，吃的是一个皮蛋，一碗冬菜。皮蛋切成三份，父亲吃一份，姐姐们分食两份。我年幼早睡，是没有资格参与的。父亲的生活不得不如此清苦。因为染坊店收入有限，束修更为微薄，加上两爿大商店（油车、当铺）的“出官”每年送一、二百元外，别无进帐。父亲自己过着清苦的生活，他的族人和亲戚却沾光不少。凡是同他并辈的亲族，都称老爷奶奶，下一辈的都称少爷小姐。利用这地位而作威作福的，颇不乏人。我是嫡派的少爷。常来当差的褚老五，带了我上街去，街上的人都起敬，糕店送我糕，果店送我果，总是满载而归。但这一点荣华也难久居，我九岁上，父亲死去，我们就变成孤儿寡妇之家了。

（节选自《丰子恺文集·文学卷二》）

活动一　根据文章内容，在下列方框里补充中举后的相关仪式。

活动二　阅读《范进中举》节选，比较“父亲”、范进在中举后的异同。

学习拓展

古代文人的科举故事

（一）苏轼，字子瞻，号“东坡居士”，眉州眉山（即今四川眉州）人，是北宋著名的文学家、书画家。与唐代的韩愈、柳宗元和宋代的欧阳修、苏洵、苏辙、王安石、曾巩合称“唐宋八大家”，嘉祐元年（1056年），21岁的苏轼首次出川赴京，参加朝廷的科举考试。第二年，他参加了礼部的考试，以一篇《刑赏忠厚之至论》获得主考官欧阳修的赏识，高中进士。

（二）韩愈，字退之，河南河阳人。唐代杰出的文学家、思想家、哲学家、政治家，被尊为“唐宋八大家”之首，与柳宗元、欧阳修和苏轼合称“千古文章四大家”。公元787年，韩愈在取得乡贡资格后，前往长安，应礼部进士试。但这次考试失败了。接着，他又考了两次，均名落孙山。公元792年，韩愈再次来到长安，第四次参加进士考试，终于考中了进士。

（三）蒲松龄，世称聊斋先生，自称异史氏，济南府淄川（现山东省淄博市蒲家庄）人，著有小说《聊斋志异》。19岁时，参加秀才考试，三试第一，成了秀才，后连续四次参加举人考试，全部落榜。直到72岁时才成为贡生。

以“中国古代科举对文人的影响”为主题，表达自己的观点。

第23课

癞六伯

很多生活在社会最底层的人，虽然生活贫困潦倒，但是他们中不乏像杨绛笔下的老王那样，内心善良的人。每个人都不可能重新选择自己的生活，在他们身上，我们会读到更多人生的真相。

学习活动

癞六伯

丰子恺

癞六伯，是离石门湾五六里的六塔村里的一个农民。这六塔村很小，一共不过十几份人家，癞六伯是其中之一。我童年时候，看见他约有五十多岁，身材瘦小，头上有许多癞疮疤。因此人都叫他癞六伯。此人姓甚名谁，一向不传，也没有人去请教他。只知道他家中只有他一人，并无家属。既然称为“六伯”，他上面一定还有五个兄或姐，但也一向不传。

总之，癞六伯是孑然一身。

癞六伯孑然一身，自耕自食，自得其乐。他每日早上挽了一只篮步行上街，走到木场桥边，先到我家找奶奶，即我母亲。“奶奶，这几个鸡蛋是新鲜的，两支笋今天早上才掘起来，也很新鲜。”我母亲很欢迎他的东西，因为的确都很新鲜。但他不肯讨价，总说“随你给吧”。我母亲为难，叫店里的人代为定价。店里人说多少，癞六伯无不同意。但我母亲总是多给些，不肯欺负这老实人。于是癞六伯道谢而去。他先到街上“做生意”，即卖东西，大约九点多钟，就坐在对河的汤裕和酒店门前的板桌上吃酒了。这汤裕和是一家酱园，但兼卖热酒。门前搭着一个大凉棚，凉棚底下，靠河口，设着好几张板桌。癞六伯就占据了一张，从容不迫地吃时酒。时酒，是一种白色的米酒，酒力不大，不过二十度，远非烧酒可比，价钱也很便宜，但颇能醉人。因为做酒的时候，酒缸底上用砒霜画一个“十”字，酒中含有极少量的砒霜。砒霜少量原是无害而有益的，它能养筋活血，使酒力遍达全身，因此这时酒颇能醉人，但也醒得很快，喝过之后一两个钟头，酒便完全醒了。农民大都爱吃时酒，就为了它价钱便宜，醉得很透，醒得很快。农民都要工作，长醉是不相宜的。我也爱吃这种酒，后来客居杭州上海，常常从故乡买时酒来喝。因为我要写作，宜饮此酒。李太白“但愿长醉不愿醒”，我不愿。

且说癞六伯喝时酒，喝到饱和程度，还了酒钱，提着篮子起身回家了。此时他头上的癞疮疤变成通红，走步有些摇摇晃晃。走到桥上，便开始骂人了。他站在桥顶上，指手划脚地骂：“皇帝万万岁，小人日日醉！”“你老子不怕！”“你算有钱？千年田地八百主！”“你老子一条裤子一根绳，皇帝看见让三分！”骂的内容大概就是这些，反复地骂到十来分钟。旁人久已看惯，不当一回事。癞六伯在桥上骂人，似乎是一种自然现象，仿佛鸡啼之类。我母亲听见了，就对陈妈妈说：“好烧饭了，癞六伯骂过了。”时间大约在十点钟光景，很准确的。

有一次，我到南沈浜亲戚家作客。下午出去散步，走过一爿小桥，一只狗声势汹汹地赶过来。我大吃一惊，想拾石子来抵抗，忽然一个人从屋后走出来，把狗赶走了。一看，这人正是癞六伯，这里原来是六塔村了。这屋子便是癞六伯的家。他邀我进去坐，一面告诉我：“这狗不怕。叫狗勿咬，咬狗勿叫。”我走进他家，看见环堵萧然，一床、一桌、两条板凳、一只行灶之外，别无长物。墙上有一个搁板，堆着许多东西，碗盏、茶壶、罐头，连衣服也堆在那里。他要在行灶上烧茶给我吃，我阻止了。他就向搁板上的罐头里摸出一把花生来请我吃：“乡下地方没有好东西，这花生是自己种的，燥倒还燥。”我看见墙上贴着几张花纸，即新年里买来的年画，有《马浪荡》《大闹天宫》《水没金山》等，倒很好看。他就开开后门来给我欣赏他的竹园。这里有许多枝竹，一群鸡，还种着些菜。我现在回想，癞六伯自耕自食，自得其乐，很可羡慕。但他毕竟孑然一身，孤苦伶仃，不免身世之感。

他的喝酒骂人，大约是泄愤的一种方法吧。

不久，亲戚家的五阿爹来找我了。癞六伯又抓一把花生来塞在我的袋里。我道谢告别，癞六伯送我过桥，喊走那只狗。他目送我回南沈浜。我去得很远了，他还在喊："小阿官！明天再来玩！"

活动一 根据文章内容，给癞六伯做一份个人简历。

癞六伯个人简历

活动二 请以文中"我"为视角，为最后一段送别场景写首诗（可以绝句或律诗），表达出"我"童年时经历、成年后回想这一场景的不同感受。

活动三 文中说，“癞六伯自耕自食，自得其乐，很可羡慕”，你认为癞六伯令人羡慕吗？请你和同学就此话题展开辩论。

正方：令人羡慕 理由：	反方：不令人羡慕 理由：

学习拓展

文学长廊中有与癞六伯同一类的人物，如：A.老王　B.六一公公　C.阿长。他们处于社会底层，但不失善良，在平凡中有令人感动之处。如果他们穿越时空生活在一起，请你为他们设计一个生活场景的对话。

第24课

文学中的远近法

远近法是绘画、古诗中极其常见的一种方法。掌握了远近法的知识，我们读古诗也好，观赏一幅画也好，就有了读懂它的一把钥匙。

学习活动

绘画中的远近法

丰子恺

物体的大小高低等形状，实际的与透视的（绘画的）完全不同。实际上同样的，在绘画上有种种变化：距离远近一变，大的东西会变成很小，方的东西会变成很扁；位置上下一变，高的东西会变成很低，低的东西会变成很高。例如第一图，假定有同样大小的许多树，许多鸟，和许多立方体，平方板。各物由近渐远，成了纵列而布置在你的面前。要观察各物的透视状态，可假

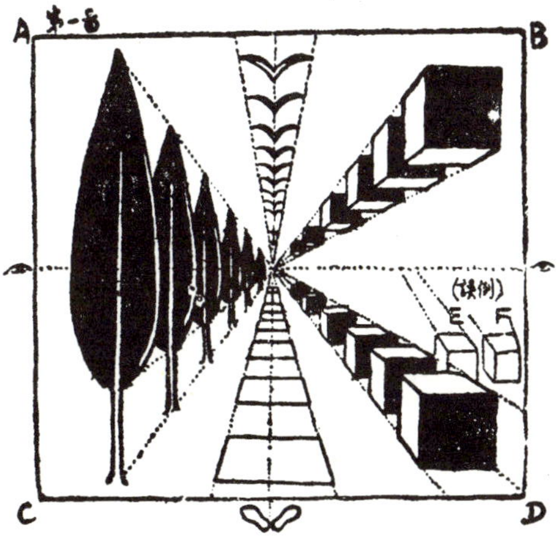

定自己面前竖立着一块很大的玻璃板，如ABCD所示。试看各物透过玻璃板时所显出的形状：实际上同样大的树木，因了距离的渐远而渐小起来。实际上同样高的鸟，因了距离的渐远而渐低起来。其下面的平方板，则又因了距离的渐远而高起来。右面的两排立方体，上排见底而渐远渐低，下排见面而渐远渐高。可知把实际的立体物当作平面形看，有这样复杂的变化。

研究这种变化的规则的，就是远近法。远近法的要点，是“视线”与“视点”。在玻璃板上画一条与观察者的眼睛等高的水平线，这就是“视线”。再从观察者所站立的地方向上引一条垂线，二线在玻璃上相交，这交点就是“视点”。

（节选自《丰子恺文集·艺术卷二》）

古诗中的远近法

丰子恺

照远近法之理，“凡物距离愈远，其形愈小”。如图所示，远处桥上的人比近处船头上的孩子小至数十倍。这种看法诗人也在应用。例如岑参的诗中，有这样的句子：

旷野看人小，长空共鸟齐。
槛外低秦岭，窗中小渭川。

旷野中的人，及窗中望见的渭川，皆因对诗人的距离甚远，故形状甚小。“旷野看人小”一句，仿佛是远近法理论中的说明文句。但写景的妙处，就在乎这远近法境地。“窗中小渭川”一句更奇。以实物而论，渭川比较窗，

其大岂止数千百倍？但照远近法的规律，窗虽小而距离近，渭川虽大而距离远，渭川便可以纳入窗中而犹见其小。这观察的要点，是撤去渭川与窗之间的距离。即把渭川照当时所见的大小拉近来，使贴在窗上。这样一来，窗框便像画框，而所见的渭川便是这幅天然画图中的川流了。

（节选自《丰子恺文集·艺术卷二》）

活动一 以下面图片为例，向你的同学介绍绘画中远近法的原理。

万里江山

远近法原理：

活动二 根据远近法规律，阐释下面两组诗句中景物描写的特点。

凡在视线之上的（即比观察者的眼睛高的）景物，距离愈远，其在画面的位置愈低。

凡在视线之下的（即比观察者的眼睛低的）景物，距离愈远，其在画面的位置愈高。

——丰子恺《文学中的远近法》

第一组

野旷天低树，江清月近人。（孟浩然）

山月临窗近，天河入户低。（沈佺期）

第二组

黄河远上白云间。（王之涣）

惟见长江天际流。（李白）

活动三 丰子恺认为，诗人所见景物，其大小高低与实际世间完全不同的来由是景物的“平面化”。即“撤去距离，把远近一切物体拉到同一平面上来观看，这样，看实景便像看一幅天然的画图”。

运用丰子恺这一观点，任选下列一句诗句，描述其美妙意境。

黄河远上白云间，一片孤城万仞山。（王之涣）

山从人面起，云傍马头生。（李白）

月上柳梢头，人约黄昏后。（欧阳修）

学习拓展

诗画同源是文学家与艺术家常常谈到的一个重要话题，有人说：“诗是无形画，画是有形诗”，阅读了节选的丰子恺的《古诗中的远近法》，你对此有何新的认识？可结合下面诗句做具体阐释。

明月松间照，清泉石上流。（王维）

落霞与孤鹜齐飞，秋水共长天一色。（王勃）

云间东岭千寻出，树里南湖一片明。（张说）

第25课

艺术创作与鉴赏

诗和小说的鉴赏是语文学习中常遇到的事，不过语文书教我们鉴赏的知识不多。你读了丰子恺先生的这篇文章，会有突然明亮起来的感觉。

学习活动

艺术的创作与鉴赏

丰子恺

一

木末芙蓉花，山中发红萼。
涧户寂无人，纷纷开且落。

我们就拿诗来当作说明艺术的创作与鉴赏的例吧。

实在，无论何种艺术，创作的心理都出于同一的根源。只因发表手段的不同，或用运动，或用线形，色彩，或用声音，或用文字的记号，就变成演剧，舞蹈，绘图，雕塑，建筑，音乐，诗文等艺术来。我们只要明白了根本的一点，一切外形的变化就都不成问题。现在先用诗为说明艺术的创作与鉴赏的主例，由此推及于绘画音乐等一切艺术。

上揭的一首绝诗，如果当它是开着的一笔账目，或者报告事实的一个专电看时，只是“芙蓉花在山中开，又落”的一件事，毫不惊人，毫不使人感到诗的美。把这干燥的事实化成四句五言诗，教人朗诵起来，就流露出无限的诗美，使人刹那间陶然若醉，沉浸在诗美的世界里。因此晓得我们鉴赏诗文时，决不能用实利的态度，把诗文的记录当作一笔账或一封电报文看的。不然，诗美就全然失却，你就永远不能梦见真的诗美了。

按五言绝诗的自然的平仄声规则，又“萼”字和“落”字同母音，读的时候使人感到rhythm〔韵律〕的美。细玩起来，芙蓉，红萼，纷纷等字，都富于音乐的要素，所以读时便感到愉快。这诗所以使人起美感的，不仅在音节上。我们读了第一首诗之后，想象到在荒山中自开自落的花的情状。再深入一步用更敏的头脑研究时，诗的美又不仅在乎音节和眼前浮现的光景上。诗不但是咏一朵花，实在暗示着一种别的更高尚的意义。作者见了芙蓉在荒山中开颜发艳，无人欣赏而自开自落，联想到世间的埋没的哲人，或不求人知的高士，或隐于贫贱的，或盛年处空房的美人。

从真的艺术创作到真的艺术鉴赏，创作者与鉴赏者二人的心理过程该是这样。作者无意识地生起一种高远的思想感情，把这思想感情化作一个心象(image)，再把这心象用某种理智的工具(例如或用文字，或用形，线，色彩，或用声音等)描出，成为一个象征化的艺术品(例如一首诗，一幅画，或一首曲)。鉴赏者对这艺术品，先由理智的工具会通了意义(例如读文字，辨别形，线色彩，或读音符等)，然后使这意义的情景浮现在眼前，在心中造成了一个心象，于是也无意识地感到作者最初心中生起的高远的思想感情。

二

现在把这小说〔项链〕的梗概在这里再略述一下：“某夫人向友借了一个金刚石项圈，戴了去赴夜会。在归途中把项圈失去了。于是不得已借笔大款子买了一个新的去还友人。夫妇力作了十年来赔偿这项圈的代价。到了十年终了，债方还清，夫妇都老丑了。有一天这夫人遇见她的友人，对她说明了十年前的事。方才晓得所借的项圈只值五百元。”

你们已读过这小说的人从这小说所感得的是否只有像我现在所述的一件新闻？如果这样，请对于我今天的“五夜讲话”特别留意一下，因为你的鉴赏只是上述的第一阶段！这不过是一个笑话。但是要晓得，艺术创作的所以有价值，原来不因所描写的事象如何而定。大画家Cézanne〔塞尚〕，Gogh〔凡高〕的名作，画材只是两三个苹果，和一只杯子。Shakespeare〔莎士比亚〕的三十七篇戏曲，所描写的都是众庶的事象。作品中所描写的事象是事实还是造作的？是作家的直接经验还是间接经验？是简单的还是复杂的？是现实的还是梦幻的？这等事在文艺的本质上都不成问题。所成问题的，是这象征物含有多少的刺激的暗示力，作者以这事象为材料的用意何在，在作者的无意识心理的底奥里有什么意义潜在。

莫泊三这篇文字，是暗示刹那的生命现象的。表面上只是现实的描写，内部潜伏着人生的可笑的悲剧（ironical tragedy）。他的人生观，以为人生都是徒然的，盲目的，可笑又可悲的。劳劳碌碌地送过了十年的辛酸，结果只值得五百元。但是人尽管这样做去，到了看破终局的价值时，Madame Loisel〔罗瓦赛尔太太〕已经aged and ugly〔年老而丑陋〕，已经送过了人生的most delicate part〔最精彩的部分〕了。这人世的可笑的悲剧，引起了莫泊三的苦闷，他的无意识心理就借这件事象作为暗示他心中的苦闷的工具，创作出这人间苦闷的象征的《Necklace》来。通过了第四阶段而挑拨读者的心弦的共鸣共感，勾引读者进于梦到人生苦闷的行境里。这样一想，他作这篇笑话儿原来是当作暗示人生象征的工具的。倘然只是一篇肤浅的笑话儿，那么世间莫泊三决不止只有一个。

我曾经把这篇故事讲给好几个友人听。有一个友人诘问："难道金刚石真的假的辨不出么？"又有个人听了，末了说，"那末要Madame Forestier〔福雷斯蒂埃太太〕找还她钱就是了。"我没有话对付他们。

还有点要注意。这篇作品，不但是一个allegory（讽喻），或者maxim（格言）。这作品的艺术的价值的高远，在于全是现实的描写，一句不落讽喻或格言的体裁。在描写现实的夫妇二人的生活苦痛的背面隐伏着对于人生的讥刺。这是这篇作品所以成为伟大艺术的胜点。咏红豆的"开盒愁将红豆数，滋味应知带苦"，胡适之的"几度细思量，情愿相思苦"，古诗的"甘瓜抱苦蒂，美枣生荆棘"，虽然也是示人生的一种真相的，但流于概念的哲理，即流于allegory或maxim的格调。在艺术品中，终不如一句不着概念的哲理而纯粹描写现实事象的《Necklace》为高。试读下揭的《Necklace》里的一节描写，谁不为人生挥一掬的热泪？

"Madame Loisel seemed aged now. She had become the woman of impoverished households，—strong and hard and rough，with hair half combed， with skirts awry, and reddened hands, she talked loud as she washed the floor with great swashes of water. But sometimes, when her husband was at the office, she sat down near the window and thought of that evening at the ball so long ago, when she had been so beautiful and so admired." ①

座上有当作笑话儿读《Necklace》的人么？倘然有，请照我现在所说的态度再去重读一遍！

（节选自《丰子恺文集·艺术卷一》）

【注释】

①译文如下："罗瓦赛尔太太现在看上去是老了，她变成了穷苦家庭里的敢做敢当的女人，又坚强，又粗暴。头发从不梳光，裙子歪系着，两手通红，高嗓门说话，大盆水洗地板。不过有几次当她丈夫还在办公室办公的时候，她一坐到窗前，总还不免想起当年那一次晚会，在那次舞会上她曾经是那么美丽，那么受人欢迎。"（据人民文学出版社1981年出版的《莫泊桑中短篇小说选》中赵少侯翻译的《项链》）

活动一 根据节选文字，请举例说明文学作品的鉴赏心理的一般过程是怎样的？

活动二 根据节选文字对小说《项链》的解说，你认为应当怎样鉴赏一篇小说？

学习拓展

根据创作的心理过程，任选下面一个题目，创作一首小诗，读给同学或父母听。

题目：

《云》　《树》　《结》　《路》　《灯》　《雨》

我的创作：

第26课

比 喻

其实比喻是一种认知事物的基本方式，通过把一种事物看成另一种事物而认识了它。把某一事物比作另一事物，能把抽象的事物变得具体，把深奥的道理变得浅显。比喻不只存在于语文课本中，生活中几乎处处可见。比喻之妙处，值得我们处处留心品味。

学习活动

比 喻

丰子恺

（一）

尝吟味比喻的效果，觉得有三方面：第一，能使意义“具象化”；第二，能使事实“夸张化”；第三，能使语言“趣味化”，或者偏重某一方面，或者兼有各方面。而最后一种趣味化大概是各种比喻所共有的，因为突然地拉一件与话题毫不相干的东西或事体来比喻，往往使人感到新奇，可笑，因而觉得其语言富有趣味。

例如最通俗的话：“寿比南山”“福如东海”，可说是偏重具象化的例子。寿、福，都是抽象的东西。要形容其高和大，就拉毫不相关的南山和东海来作比喻。其意义便具象化，而其语言比较起不用比喻的“万寿无疆”“洪福齐天”来，另有一种趣味，简洁，轻快，而松脆。

又如最常见的话：“光阴似箭，日月如梭”“久闻大名，如雷贯耳”，可说是偏重夸张化的例。科学地讲起来，日月运行的速度比箭或梭快得多。但在普通的感觉上，把日月的出入比之于织布的梭的来去一般快，是极度夸张的。至于说听见人的名字好像吃了一个霹雳，则夸张以外又泛滥着趣味，使人想一想觉得要笑。

然而这也不能划然地分类。凡巧妙的比喻，大都是兼有上述的三种效果的。具象化使听者容易理解。夸张使听者容易折服，趣味化使听者乐于领受。

（二）

我童年时读《孟子》，觉得比读《论语》有趣味。为的是《孟子》中比喻更多而可笑。例如“挟太山以超北海”“吾力足以举百钧”“日挞而求其楚”“被发缨冠而往救之”等，童子读之如读童话，最有兴味。现在年纪大了重新吟味这种比喻，仍是觉得可笑。《孟子》文章之所以脍炙人口，比喻的多且巧恐是原因之一。

（三）

最富有可笑味的，莫如俗语中的比喻。在吾乡，只要到茶店去坐地，便可听见茶客的纷纷议论中，处处引用着巧妙而可笑的比喻。老于应酬而长于口才的人，谈起天来差不多五句话里必有一句比喻。譬如说：“偷鸡勿着蚀把米”，“撒屎勿出嫌茅坑臭”等，用得妥当，能使听者中心悦而诚服。还有一种比喻，同谜语一样，有谜面谜底。上面一句谜面，是一个比喻。下面一句谜底，是上句所隐射的一件事理。例如：“火烧纸马店——迟早要归天”，“六指头搔痒——加二讨好”等，说的时候普通只说上一句的比喻，让听者自己悟及下一句的事理。这两种比喻的俗语，自成两种体裁，现在假定称前者为“喻语”，则后者可为“歇后喻语”，因为后面的谜底往往不说，类似于唐人所谓“郑五歇后体”也。（唐有郑綮者，善诗，语多俳谐。其诗世称为“郑五歌后体”。例如讥人“无耻”曰“孝弟忠信礼义廉”，骂人“忘八”曰“一三四五六七”之类，极其巧妙。今所述喻语，体裁与“郑五歇后体”大致相似，故借用其名称。）

这种比喻语虽然俚俗，然其取譬也很巧妙，且富有讽刺意味，即如前揭数例，以“偷鸡勿着蚀把米”比拟贪得反失，以“撒屎勿出嫌茅坑臭”比拟迁怒，除滑稽以外，还含有鄙视贪得及迁怒的行为为“偷鸡”“撒屎”的讽刺性。以“火烧纸马店”隐射“迟早要归天”，以“六指头搔痒”比喻“加二讨好”，则取材尤为巧妙。盖纸马，原是给人买去祭祷了一番而焚化的，故纸马店中所有货物，迟早都要归天。加二是加百分之二十之意，六指适为五指加百分之二十。故搔痒时可谓“加二讨好”。此种俗语，《何典》中所引不少，又最近报纸杂志亦时有所见。乡所流行者，有一部分与他们相同，然亦有不同者。去年这几天，吾乡举行灯会，邻镇亲友都来我家看灯，白昼无事，大家坐着烧香烟，咬瓜子，谈天。话题不知怎样一来，转到了这种喻语及歇后喻语上。大家努力搜索，命一女孩随时纪录于册。到灯会圆满，亲友散去时，这种俗语纪录了两册。当时兴尽，便塞之箧中。现在检出来重新翻阅，觉得有许多巧妙可喜。

（节选自《丰子恺文集·艺术卷三》）

活动一 阅读选文（一），按“寿比南山”格式完成下面的表格。

成语、诗句	本体	喻体	表达效果
寿比南山	寿	南山	化抽象为具体，有祝福高寿之意，语言生动、简洁
有女同车，颜如舜华			
问君能有几多愁，恰似一江春水向东流			
水是眼波横，山是眉峰聚			
山河破碎风飘絮，身世浮沉雨打萍			
忽如一夜春风来，千树万树梨花开			

活动二 阅读选文（二），完成题目。

下面是《论语》和《孟子》中的经典比喻句，读一读，说说你更喜欢哪一类，并阐述理由。

(1) 子在川上曰:"逝者如斯夫,不舍昼夜。"

(2) 子曰:"不义而富且贵,于我如浮云。"

(3) 子曰:"岁寒,然后知松柏之后凋也。"

(4) 子贡曰:"君子之过也,如日月之食焉;过也,人皆见之;更也,人皆仰之 。"

——选自《论语》

(1) 王知夫苗乎?七八月之间旱,则苗槁矣。天油然作云,沛然下雨,则苗浡然兴之矣!其若是,孰能御之?今夫天下之人牧,未有不嗜杀人者也。如有不嗜杀人者,则天下之民皆引领而望之矣。诚如是也,民归之,由水之就下,沛然谁能御之?

(2) 今有人日攘其邻之鸡者,或告之曰:"是非君子之道。"曰:"请损之,月攘一鸡,以待来年然后已。"如知其非义,斯速已矣,何待来年。

——选自《孟子》

学习拓展

丰子恺在《比喻》一文里说到:"文章里用了比喻,仿佛是加了一幅插图,使人一目了然的领会。"请以下列其中一个比喻句为例,说说你对这句话的理解。

(1) 口若悬河

(2) 风烛残年

(3) 夫天地者,万物之逆旅;光阴者,百代之过客;而浮生若梦,为欢几何?

——李白《春夜宴桃李园序》

第27课

丰子恺讲西方建筑艺术

西方建筑的发展脉络，从古至今依次为“坟—殿—寺—宫—店”五大主题，请你留意每一个时段的建筑特点，以及建筑所体现的文化思想和时代精神。

学习活动

西洋建筑讲话

丰子恺

我们看了各时代或各地方的建筑，可以从它们的样式上窥知当时当地的人的思想与生活。故建筑可说是具体化的时代相。

从埃及时代到现代，世间最伟大的建筑的主题，经过五次的变更：在埃及时代，最伟大的建筑是坟墓，在希腊时代是神殿，在中世时代是寺院，在近代是宫室，到了现代是商店。人类最初热心地造坟墓，后来变成热心地造店屋。窥察其间人心的变化，很有兴味。而且这种建筑物现今统统存在，坟、殿、寺、宫、店，好像五个“时代”的墓碑，记载着各“时代”生前的情状而矗立在我们的眼前，令人看了感慨系之。——现代的商业建筑，像摩天阁、百货公司等，也可说是墓碑，是现代“资本主义”的“喜葬”的墓碑。

四千年前埃及人所造的坟墓大建筑——字塔这种大坟墓，当作建筑艺术观赏其形式时，只见极大、极高、极厚，除了一个“笨”字以外想不出别的字来形容。埃及的帝王笨得聪明而且凶；他能利用那庞大的实用艺术的亲和力来镇伏万民的心，使他们在这个君主绝对威权的象征物之下，永远瑟缩地臣服，不敢抬头。不要说当时的埃及人民，就是教现在的我们，一旦到了尼罗河畔的大沙漠上，仰望这个“君主绝对威权”的大墓碑时，恐怕也要吐出舌头半晌缩不进去呢！这是上古政教一致，君主专权时代的“大”建筑。现代商业都市的“大”建筑，显然是模仿这种坟墓建筑的办法，以夸示金融资本的威权的。

希腊时代的建筑，则用“美”来代替了埃及的“高、大、厚”而收揽民心。这也和希腊的风土人情相关联：四千年前，埃及和爱琴海文化已经炽盛；然欧洲尚在长夜的黑暗中，仅为新石器时代的民族的居屯地。其时中央亚细亚的原始民族逐羊群而西南行，流入这天然形胜的希腊半岛，他们受了高丘上的橄榄的香气的熏陶，为苍茫的地中海和缥缈的爱琴海的灵气所钟，养成了一种美的民族性。就首先为欧洲创造光明灿烂的文化艺术。起初，希腊久受波斯的侵犯。到了大政治家彼理克来史〔伯里克利〕(Perikles)的时代，希腊联盟国制胜波斯，就乘势发扬国内的文化。彼理克来史是主张民主主义的人，就训练雅典的自由市民，教他们建设起空前的文化来。其首先经营的，是修理先年被波斯军毁坏的卫城。在这卫城里建造大理石的神殿，以供养雅典市的守护神。当时雅典借战胜的余光，掌握全希腊的经济权，又集中全国一致的民主的共产精神，复兴的气象充满了全都市。彼理克来史引导民众，把全副心力集中于这神殿的营造上。那守护神女的雕塑，由当时大雕刻家斐提阿史〔菲狄亚斯〕(Phidias)担任；神殿的建筑，由当时大建筑家伊克底诺史〔伊克蒂诺〕(Ictinus)指挥。造形的优美，诚可称为空前绝后。那神像用黄金和象牙造成，姿态优美，庄严无比。那神殿全用世界最良的大理石构成，各部力学的均整与视觉的谐调两方并顾，作有机的结合。全部没有一根死板板的几何的线，那檐、柱、阶，看来好像是直线，其实都是曲线。因为希腊人民的审美的眼力非常锐利。几何的直线，当因错觉的作用而望去似觉不平或不直，故必须用相当的弯度补足错觉，望去方才完全平直。所以那种神殿建筑粗看好像率直，不过是石基上立着一排石柱，盖着石檐；其实优美绝伦，为千古造形美术的模范。

（节选自《丰子恺文集·艺术卷三》）

活动一 请根据文字和图片信息填写表格

古埃及金字塔

希腊的神殿

米兰大教堂

凡尔赛宫

纽约帝国大厦

建筑艺术	著名的建筑作品	文史时期
坟的艺术		
殿的艺术		
寺的艺术		
宫的艺术		
店的艺术		

活动二 希腊建筑共有三种“柱式”。因为创行于独利亚、伊奥尼亚、可林德（科林斯）三个地方，故称为：（1）独利亚式——健全；（2）伊奥尼亚式——典雅；（3）可林德式——华丽。这三种柱式，趣味各殊：独利亚柱式的柱粗而矮，柱头简单，柱脚无底盘，全体朴素，坚实而庄重；以安定为本位，故有健全之感。伊奥尼亚式的柱细长，柱头作涡卷纹样，柱脚有层层的底盘；全体轻快、玲珑、而洗练；以趣味为本位，故形式复杂而有典雅之趣。可林德式的比前者尤加复杂，柱身一样细长，柱脚一样有层层的底

盘，而柱头的纹样比前者更为细致，雕着莨苕花的叶子的图案纹样，用以连接柱头和楣，楣上的雕工亦比前者复杂，全体富于华丽之感。

——《丰子恺文集·艺术卷三·殿的艺术》

请根据丰子恺先生对三柱式的评价，写出适合的柱式名称。

A　　　B　　　C

学习拓展

活动一 一味好奇而不顾形式的难看与实用的不宜的商业建筑，在现今也很多。最普通是仿古——就是模仿古代的神殿，用粗大的柱子；或模仿中世的寺院，用庄严的屋顶。

——《丰子恺文集·艺术卷三·店的艺术》

收集丰子恺先生笔下的“一味好奇而不顾形式的难看与实用的不宜的商业建筑”。

活动二 课外阅读其他几篇文章。

第28课

实用工艺与美感

美术课中我们学习了从生活中汲取设计的灵感，但是如何设计具有美感的实用工艺品呢？你认为“好看”的东西是真的“美”吗？

学习活动

工艺实用品与美感

丰子恺

优良的工艺品，是“实用”与“趣味”两种条件都满足的。例如外国的牛奶壶，口上长出一个荷花边形的缺口，倒起来很利便；柄的弯度适合手指的位置，拿起来又自然；长身细腰的形又好看，真是进步的工艺品。又如外国的剪刀，插指的两洞孔高低不齐，适合大指与食指及中指的位置，而每个洞孔内，又依手指的方向而作角度不同的斜面，手指套在洞孔内感到舒服。一方面参差的形，变化的线与面，又非常好看，这也可说是优良的实用品的实例。

优良的工艺品，不但要讲究形式，又要讲究材料。同材料的物品，固然可因形状色彩的形式的美丑而分高下，所以说改良工艺品不是材料的问题，是制造方法的问题。但仅就材料而论，材料对于实用与趣味也很有关系。景泰窑，象牙，金，银，原是贵重的材料。但并非无论何物用这等为材料就好。景泰窑宜做瓶，象牙，金，银宜做装饰品。景泰窑的碗（上海城隍庙所见），象牙的筷，银的痰盂（上海各银楼所见），材料不适当而又无理。材料决不是只要贵重就好的。木制物倘只知加漆为贵重，为讲究，有时反要损失材料的趣味。例如栗木，本色是很好看的，加漆反而俗气。本色的铅笔杆，我常常觉得色泽既沉静质朴，拿起来的感觉又快适，远胜于加漆的杆。

近来社会上流行的实用品中，往往用一种投机的名目。例如“国耻”，“五卅”，“中山”等字，既普遍地被用作商店学校的名称，又普遍地被用作各种实用品上的装饰。有国耻牌香烟，有五卅牌毛巾。又有中山牌表，中山牌香烟，中山布，中山鞋。在实用品的装饰中寓一种劝励的意义，或纪念的意义，本来是可以的。但过于生硬而不自然，就徒然引起人的恶感。商人过于热心于商品的销行，越明显越好，越大越好地在物品上制上“五月九日国耻纪念”，“毋忘国耻”的隶书的大字，或印上孙中山先生的照相。例如有一种毛巾，下端印着洋钱大的“凡我同胞，毋忘五九”八个大红字，明了是明了的，到底很不雅观。无论它质地何等坚牢精致，我实在为了这装饰的不美观而不愿购用。我在小市镇的江湾的洋货店里，发见一条下端一条很细的细红线的毛巾，质料并不良好，但我为了这一条细红线的趣致而购用了。觉得比前者好看得多。

玩具有欢喜“逼真”的恶习。故多数的玩具，是照真的物件缩小的。小洋房，小大菜桌，小黄包车……都是小型而逼真的玩具。近来这种办法甚至应用到人身上：七八十来岁的女孩，竟给她像母亲一样地穿小裙，小女衫，梳小头，装成一个奇形的小太太。使人对于这女孩子不敢接近。

最恶劣的，无过于近来在上海流行的、贺开张用的画框了。试入新开的商店内，必可看见环壁是这类的画框。写出或用小块镜子玻璃填出“长发其祥”，“财源茂盛”一类的字，旁边是大红大绿及金银色的花纹，好像戏文里的袍或幔上的花纹，而更加散漫乱杂。总之，是盲目的一味贪好华丽浓厚，使五光十色，眩耀人目而止，毫无一点“美”的影踪。

不良的工艺品，实用品，逐日的产出，大批的销行，可见一定是有人欢喜而购买的。这原是国民美育程度的根本问题，但从工艺品促进改良上促进国民的美育，以工艺品改良为艺术教育的一端，也是可能的事。十九世纪末的英国德国的艺术教育运动，便是发轫于工艺品改良的。英国为了其工艺的出品在巴黎大博览会遭失败而提倡艺术教育，德国为了其工艺的出品在一八五一年的伦敦大博览会遭失败而开艺术教育大会。我国艺术专门学校已经林立，而独无人注意于工艺品的改良，坐使商人利用民众的幼稚的鉴赏力的弱点，而源源地产出恶劣的物品，不可谓非艺术教育者对于社会方面的疏忽。

（节选自《丰子恺文集·艺术卷一》）

活动一 优良的工艺品，实用品，也是于实用以外伴着趣味，即伴着美感的。优良的工艺品，是“实用”与“趣味”两种条件都满足的。优良的工艺品，不但要讲究形式，又要讲究材料。

——《丰子恺文集·艺术卷一·工艺实用品与美感》

你能写出以下两组工艺品的优点吗？

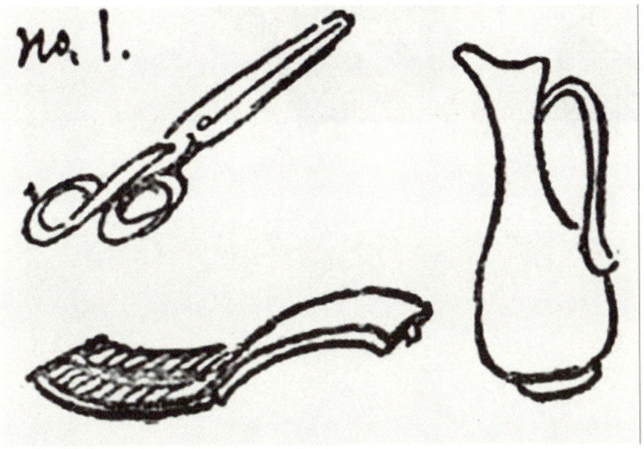

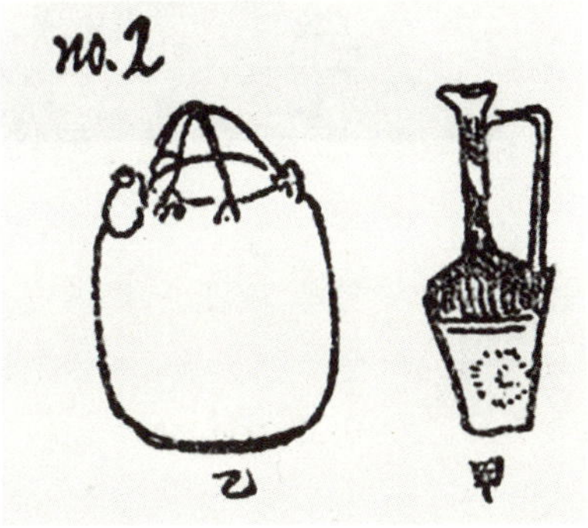

活动二 优良的工艺品，不但要讲究形式，又要讲究材料。改良工艺品不是材料的问题，是制造方法的问题。

——《丰子恺文集·艺术卷一·工艺实用品与美感》

请任选下面的一组工艺品加以说明。

景泰蓝花瓶

景泰蓝碗

象牙筷

木制筷

学习拓展

活动一 关于茶杯，有形式与图案两方面的批评。

——《丰子恺文集·艺术卷一·工艺实用品与美感》

你能为以下茶杯分类（日本式、西洋式、中国旧式、中国新式），并从形式和图案两方面进行点评吗？

第29课

抗战漫画

丰子恺先生说，漫画是一种世界语，任何国人都看得懂。漫画是一种不需学习的文字，文盲也看得懂，故其宣传力最广。虽然多数漫画是靠文字互相说明的，但少用文字或完全不用文字，而能使大众一目了然的，是漫画中之上乘。抗战时期，漫画是笔杆抗战的先锋。

学习活动

丰子恺先生的画

《劫余漫画》自序

丰子恺

日寇侵华，二十六年〔1937〕冬以迂回战术犯我故乡石门湾。余仓皇出奔，仅以身免。八年间转辗黔桂川陕诸省，遥望江南，肝肠断绝！天佑中国，转败为胜。奏凯归来，亟返故乡，而故乡缘缘堂已由焦土变为草原。昔日欢聚之处，野生树木高数丈矣！回忆堂中图书，尽成灰烬，不胜痛惜！忽有亲友，携书物一箱来晤，曰："此缘缘堂被毁前一日侥幸代为抢出者，藏之十年矣，今以归还物主。"启箱视之，旧书若干，函牍无数而外，复有画稿一束，乃出奔前所作，未及发表，不能带走，而委弃于堂中者。事隔十年，当日创作情景，历历在目。抚纸长叹，不胜感慨，此画应毁而不毁，已失而复得，可谓劫中奇迹，虎口余生，安得不加珍惜？遂为检点修整，得三十幅，加以流亡中复员期所作者三十幅，共六十幅，蔚然成册，付万叶书店刊印。此画之终得问世，与我身之终得生还，皆劫中奇迹，虎口余生也。固名之曰《劫余漫画》。

（节选自《丰子恺文集·艺术卷四》）

《客窗漫画》序

丰子恺

抗战军兴，我的故乡变成焦土，我赤手空拳地仓皇逃难。但也只是逃难而已，自愧未能投笔亲赴战地为国效劳。所以抗战以来，我的画都是逃难中的所见及所感，即内地的光景，与住在后方的一国民（我）的感想而已。这些画虽然也与抗战有关，却不配称为“战地漫画”，这只是逃难中在荒村的草舍里、牛棚里画兴到时的漫笔而已。旧友黎丁君办今日文艺社，向我索稿，我就把自己所保留的画稿付他，且定名为《客窗漫画》。客窗就是草舍牛棚的意思。这可以证明以前他人代刊的《战地漫画》全不是我自己所保留而愿刊的稿子，也可以表白我的画全不是战地漫画。这就算是序。

（节选自《丰子恺文集·艺术卷四》）

活动一　结合上述漫画和文章，说说丰子恺先生抗战漫画的特点。

活动二　“七七”事变后，丰子恺避难于广西桂林。他将自己逃难途中的所见所闻，创作成一幅漫画赠送给友人“子棠先生”，并在《华大桂声》杂志上发表，以揭露日本侵略者的罪行。此幅漫画画面描绘了在日寇飞机的轰炸下，一位已失去头颅的母亲和一个正在吸乳的婴儿。画的右方是丰子恺先生的填词“梦江南”：“空袭也，炸弹向谁投，怀里娇儿犹索乳，眼前慈母已无头，血乳相和流。”落款“嘉兴所见，梦江南”，“廿七年八月子恺作于桂林赠子棠先生惠鉴”。

请寻找战地漫画中“炸弹”形象，说一说丰子恺先生在作品中想要表达什么情感？

学习拓展

阅读《大树画册》序，课外欣赏画册，并从中挑选最能触动你心灵的画临摹。

《大树画册》序

吾昔年曾作护生画集。“一二八”事起，阿比西尼亚〔即今埃塞俄比亚〕之屠杀与西班牙之血战继之，或问曰：“君惜物命，于人命何独无言？”答曰："恩及禽兽，功岂不至于同类之人？物命尚惜，人命自不必言。吾方劝世人以人道待畜，不料世人之以畜道待人也；吾方以人视世人，不意世人之自堕于畜道也。"迩者，蛮夷猾夏，畜道横行于禹域，惨状遍布于神州，触目惊心，不能自已。遂发为绘画，名曰大树。由爱物而仁民，以护生之笔画大树，岂吾之初心哉！是为序。

（节选自《丰子恺文集·艺术卷四》）

第30课

气韵生动说

丰子恺先生说，“气韵”是艺术创作的内的条件，是创作活动的根本的精神的动力。原来气韵生动不是简单的世界观，乃是艺术家的世界观，暗示他，刺激他，使他活动的世界观。气韵生动到了创作活动上而方才能表明其意义，发挥其生命。

学习活动

气韵生动说

丰子恺

在真的艺术心看来，世界是活动，自然是具有灵气的。张彦远在《历代名画记》中说：“生物之可状，须神韵而后全”，明明在说，描人物与动物的时候，可为其状的根元的，是神韵。董其昌说：“气韵不可学。此在生知之，自有天授。然亦有可学处。”他又说发挥天赋的气韵的功夫，即——如前所揭——“读万卷书，行万里路，胸中脱去尘浊时，自然丘壑内营，立成鄄鄂，随手写出，皆为山水传神。”然则气韵是什么呢？气者，指太极一元之气，即宇宙的本体。气在本体论研究上是精神或心的意思。程子所谓造化不穷之生气，也是说明这唯心论或观念论的立脚点的。“天下之物，本气所积成。即如山水，自重冈复岭，以至一木一石，无不有生气贯其间。”（《芥舟学画编》）这以精神为形成世界的主体的思想，更进一步，至于“一草一树一丘一壑皆灵想所独辟”（《瓯香馆画跋》），与视“绝对精神”为创造世界的主力，而在一草一树中看出这绝对精神的思想（这是最自然的进径），气韵就变成艺术的活动的强的冲动力了。气韵就是艺术创作的内的条件。原来气韵生动不是简单的世界观，乃是艺术家的世界观，暗示他，刺激他，使他活动的世界观。气韵生动到了创作活动上而方才能表明其意义，发挥其生命。故气韵生动可名之为创作活动的根本的精神的动力。“山形，树态，受天地之气而成，墨滓，笔痕，托心腕而出时，则气在是，亦即势在是矣。”(《芥舟学画编》)

“能使山气欲动，青天中风雨变化，气韵藏于笔墨。笔墨都成气韵。”(《瓯香馆画跋》)这样看来，气韵是指导创作活动的根本的精神，支配作家的心，入于笔墨中，而支配笔墨。

气韵生动是艺术的活动的根元。

绘画理论

丰子恺

所谓远近法者，就是把立体的物象描写在平面上的方法。这是东洋画中所不讲究，而西洋画中所最注重的画理。例如画一条九曲栏杆，中国画可凭想象，在纸上画九个曲折，好像坐在飞机中望下来所见的鸟瞰图。但是在西洋画上就不行。画家若非真个坐在飞机里或高楼上，而是站在平地上画的，其九曲栏杆就互相遮掩，不会统统看见。中国画因为不讲这远近法，所以画起山水来，重重叠叠，一幅画中可以看见好几重山，好几重水。在实际上，就是站在山巅，所望见的也不过一二重山水罢了。故西洋画中就没有这样的画面。西洋画家作画时，第一要决定画者所站立的地点。而且这地点不能变动。所以一幅画中，只有一个中心点。一切物象皆归宿这中心点。这中心点叫做“消点”，即与吾人的眼睛等高的地平线上的一点。因了有这一点为中心，画面的物形，就有这样的定规：

(一)凡物距离愈远，其形愈小。

(二)凡比画者的眼睛低的东西，所见的是其上面。

(三)凡比画者的眼睛高的东西，所见的是其底面。

(四)凡位在画者右方的景物，所见的是其左侧。

(五)凡位在画者左方的景物，所见的是其右侧。

（六）凡在地平线以上（即比自己的眼睛高）的景物，距离愈远，其在画纸上的位置愈低。

（七）凡在地平线之下（即比自己的眼睛低）的景物，距离愈远，其在画纸上位置愈高。

吾人日常所见的桌子、凳子、铁路、地平砖等皆是属于（二）的。电灯、楼板、高架铁道等，都是属于（三）的。其余诸条实例随处可见。

西洋画最重形似。形不正确，基础站不稳，是学西洋画的最大毛病。而描形的最大要事，是合于远近法的规则。远近法或称为透视法。大体分“并行透视法”及“成角透视法”两种。现在所揭的图，是属于并行透视的。成角透视就是不与画者的身并行放置的东西的透视法，较为复杂。

艺用解剖学在西洋有很厚册的专书，研究亦很费时。研究的目的，无非要使人物画的表现维妙维肖，处处合于实际。这是中国画所不为而且反对的事。像苏东坡诗中所说：“论画以形似，见与儿童邻。”故中国人物画没有一幅合于解剖之理的，大都头大身短，或五官位置不对，或手的生法不对，以西洋画的眼光看来，处处是毛病。

（节选自《丰子恺文集·艺术卷三》）

活动一　从以下两幅作品中任选一幅从“远近法”角度进行评述。

（荷兰）霍贝玛《林间小路》

（北宋）王希孟《千里江山图卷》

活动二 你能从中国山水画中读出“气韵生动”吗？以下这幅山水画作品，对你有何启发？

郭熙《早春图》

第31课

漫画描法（二）

学习丰子恺先生关于创作漫画的一些技法，如写实法、比喻法、假象法、点睛法、象征法等，并试着用这些方法来创作。

学习活动

丰子恺谈漫画技法

写实法。漫画家在日常见闻中，选取富有意义的现象，把它如实描写，使看者能在小中见大，个中见全。这叫做写实法。如《邻人》(3-31-1)。这是我住在上海时，在天通庵车站附近所见的实景。一把很大的铁扇骨，装在两份人家交界的壁上。每根铁扇骨的头上有很尖锐的枪头，分明是防止邻人逾墙的。我觉得这件东西很触目。这是人类的羞耻的象征，人类的罪恶的铁证。因此取作漫画的题材。

比喻法。漫画家对于人生社会的某种问题，欲加以批评或描写；而此问题是抽象的，难于用画表现；乃描写另一具体的东西，以比喻这问题而表示对这问题的意见。比喻法与后述的象征法大同而小异。如《教育》(3-31-2)。

假象法。假设一种世间所罕有或不能有的现象，用以表明漫画家所要说的事理，叫做假象法。这就是使无形的事理有形化，所以画面上大都奇怪荒唐。讽刺漫画常用此法。因为人生社会的问题，大都是无形的，不可描表，漫画家要批评议论，自然要用假象。如《用功》(3-31-3)。

点睛法。描写一种值得注意的现象，而加以警拔的题目，使画因题目而忽然生色，好比画龙点睛，叫做点睛法。凡是全靠题字而醒目的漫画，都是用点睛法的。但须注意，不是用文字来代替图画，是用文字来点明画意。故题目的文字，务求简洁而有力。如一个卖香蕉橘子的小贩，坐在一株枯而小的树下守候生意。两个小学生背着书包走来，其中一个伸手指点那小贩，另一个看着，似乎都在笑。如果真无题目，这幅画太平凡乏味。至多，令人想起这两个小学生想买香蕉橘子吃。但一写题目，这画就忽然意义丰富起来。题目是什么？是《去年的先生》(3-31-4)。去年小学里当先生的，今年已改做小贩，挑着担子卖水果。因为那时候，小学教师待遇太薄，竟有年俸大洋二十元膳食自理的小学教师。于是小学里的先生都不能生活，纷纷改业。有攀援的人，改入商界，交易所，银行，公司。无可攀援的，只得做小贩，挑着担子卖水果。做小贩虽然苦，比做小学教师好得多。我当时曾目击一个事实，所以作这幅画。

象征法。漫画家对于人生社会的某种事象，欲发表自己的感想，而这事无形可描，或不便于明言直说，乃另描一种性状相同的他事象，拿来象征所欲说的事象。这样隐藏的画法，叫做象征法。如画一株大树，被斩伐了半株；但根干上枝叶蓬蓬勃勃地丛生，眼见得不久可以恢复他的原状。这是我目击实物而写生的(3-31-5)。最初题上“新生”二字。后来改题了一首诗，被人当作抗战画拿去出版。这象征抗战固好，但也不可如此限定。世间不屈不挠，百折不回的事，都可以此为象征。

（节选自《丰子恺文集·艺术卷四》）

丰子恺先生的画

3-31-1

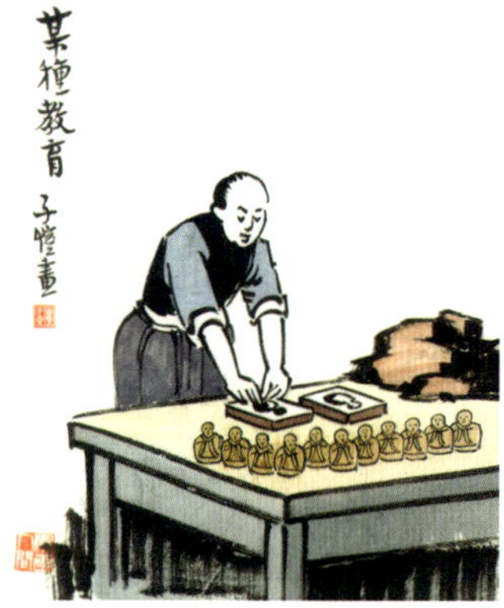

3-31-2

3-31-3

3-31-4

3-31-5

活动一 请指出上面几幅画的创作方法。

活动二 选择其中一幅说出你的理解。

学习拓展

请你从上文描述的漫画技法中选择其中一种技法，创作一幅漫画。

第32课

丰子恺漫画的艺术精神

丰子恺曾说他做了六七个儿童的家庭的家长，而且天天和他们一同住在家里，儿童生活的状况在他是看饱了，虽然烦躁的时候居多，但发现他们生活中可咏可画的情景的时候，也觉得欢喜。那时候他便设法记录他的欢喜。让我们一起来探寻他的欢喜吧。

学习活动

漫画创作二十年

丰子恺

人都说我是中国漫画的创始者。这话未必尽然。我小时候，《太平洋画报》上发表陈师曾的小幅简笔画《落日放船好》《独树老人家》等，寥寥数笔，余趣无穷，给我很深的印象。我认为这算是中国漫画的始源。不过那时候不用漫画的名称。所以世人不知“师曾漫画”，而只知“子恺漫画”。漫画二字，的确是在我的画上开始用起的，但也不是我自称，却是别人代定的。约在民国十二年〔1923〕左右，上海一辈友人办《文学周报》。我正在家里描那种小画。乘兴落笔，俄顷成章，就贴在壁上，自己欣赏。一旦被编者看见，就被拿去制版，逐期刊登在《文学周报》上。编者代为定名曰“子恺漫画”。所以我不能承认自己是中国漫画的创始者，我只承认漫画二字是在我的书上开始用起的。

我作漫画，断断续续，至今已有二十多年了。今日回顾这二十年的历史，自己觉得，约略可分为四个时期：第一是描写古诗的时代，第二是描写儿童相的时代，第三是描写社会相的时代，第四是描写自然相的时代。但又交互错综，不能判然划界，只是我的漫画中含有这四种相的表现而已。我从小喜欢读诗词，只是读而不作。我觉得古人诗词，全篇都可爱的极少。我所爱的，往往只是一篇中的一段，或其一句。这一句我讽咏之不足，往往把他抄写在小纸条上，粘在座右，随时欣赏。有时眼前会现出一个幻象来，若隐若现，如有如无。立刻提起笔来写，只写得一个概略，那幻想已经消失。我看看纸上，只有寥寥数笔的轮廓，眉目都不全，但是颇能代表那个幻象，不要求加详了。有一次我偶然再提起笔加详描写，结果变成和那幻象全异的一种现象，竟糟塌了那张画。恍悟古人之言："意到笔不到"，真非欺人之谈。作画意在笔先。只要意到，笔不妨不到，非但笔不妨不到，有时笔到了反而累赘。缺乏艺术趣味的人，看了我的画惊讶地叫道："咦！这人只有一个嘴巴，没有眼睛！""咦！这人的四根手指粘成一块的！"甚至有更细心的人说："眼镜玻璃后面怎么不见眼睛？"对于他们，我实在无法解嘲，只得置之不理，管自读诗读词捕捉幻象，描写我的漫画。

我作漫画由被动的创作而进于自动的创作，最初是描写家里的儿童生活相。我向来憧憬于儿童生活。尤其是那时，我初尝世味，看见了所谓"社会"里的虚伪矜忿之状，觉得成人大都已失本性，只有儿童天真烂漫，人格完整，这才是真正的"人"。于是变成了儿童崇拜者，在随笔中（见《缘缘堂随笔》）漫画中，处处赞扬儿童。

（节选自《丰子恺文集·艺术卷四》）

活动一 下面两幅作品体现了丰子恺先生漫画作品中哪种艺术精神？

活动二 下面两幅作品体现了丰子恺先生漫画作品中哪种艺术精神？

活动三 下列几幅漫画体现了丰子恺的什么艺术精神？

A

B

C

学习拓展

阅读下列文字，了解作家们对丰子恺漫画传递出的艺术精神的评价。

（一）

杨朝婴：阿宝是我的妈妈，也是外公第一个孩子，外公画我妈妈最典型的两张，一张是《阿宝赤膊》，另一张是《阿宝两只脚，凳子四只脚》。那是我妈妈看到凳子怎么没鞋穿，就把自己的新鞋子脱下来给凳子穿，一看，还缺两只鞋，就把她妹妹的两只鞋也给它穿上。当时看到这个情况，外婆很生气，说不能这样，把鞋弄脏了。外公就说别动，我把它画下来。他也是很随意地画下来，想不到这张画流传了那么多年，人见人爱。散文《送阿宝出黄金时代》是因为阿宝长大了，外公觉得很悲伤，孩子脱离了纯真年代，以后就太懂事了。他说你们小孩个个都是英雄好汉，但一旦成人，就会变得退缩、顺从、恐惧、妥协，就像一只绵羊一样，完全失去了童心。

（二）

朱自清：“我们都爱你的漫画有诗意，一幅幅漫画，就如一首首小诗——带核儿的小诗。你将诗的世界东一鳞西一爪地揭露出来，我们这就像吃橄榄似的，老觉着那味儿。”丰子恺这些“古诗新画”的核心是人情，即人的社会生活，社会关系的情理。所以人们在观看丰子恺漫画时，思绪远远超出了作品本身。

第33课

丰子恺心中的美丽西湖

“若往西湖游一遍，就是凡夫骨也仙”，这是苏东坡称赞西湖的佳句。西湖留下的历代名人足迹，一定长过苏堤，满过西湖。今天，让我们再领略一下丰子恺先生笔下的西湖吧。

学习活动

丰子恺先生的画

活动一 我住在上海，离开杭州西湖很近，火车五六个小时可到，每天火车有好几班。因此，我每年有游西湖的机会，而时间大都是春天。因为春天是西湖最美丽的季节。我很小的时候在家乡从乳母口中听到西湖的赞美歌：“西湖景致六条桥，间株杨柳间株桃。……”就觉得神往。长大后曾经在西湖旁边求学，在西湖上作客，经过数十寒暑，觉得西湖上的春天真正可爱，无怪远离西湖的穷乡僻壤的人都会唱西湖的赞美歌了。

——《丰子恺文集·文学卷二·西湖春游》

请说一说上面的画是如何体现作者对西湖的“赞歌”的？

活动二 西湖的最美丽的姿态，为什么直到解放后才充分表现出来呢？这是因为旧时代的西湖，只能看表面（山水风景），不能想内容（人事社会）。换言之，旧时代西湖的美只是形式美丽，而内容是丑恶不堪设想的。

——《丰子恺文集·文学卷二·西湖春游》

说一说旧时代的西湖与解放后的西湖的不同点。

学习拓展

请你参考丰子恺先生的漫画作品，用水墨工具，以漫画形式描绘出你心中的西湖。

第34课

印象派的画家们

学过美术课《印象派的画家们》吗？印象派出现于一八七四年。这一年八月十五日，一班同志的画家合开自作展览会。其中陈列的画，都描得模糊不清，不可近看而只宜远望，所望见的也只是一个大体的印象。就中有一幅，涂着各色颜料，而看不出东西，题曰《日出印象》。原来所写的是早上太阳初出时东天的光彩。一班不解此派画道的人群起反对，给他们一个绰号叫做“印象派”。

学习活动

印象派

丰子恺

马南〔马奈〕是印象派的发起者。前述的《日出印象》便是他所作的。然而他只是“外光”的发见者，不能说是完成者。“外光”的完成者，是莫奈。什么叫做“外光”？原来以前的画，都偏重形而忽略光。据印象派画家看来，以前的画都不能说是真正的写实。真正写实，必须描出自然物一刹那间的现象。这现象由形与光二者造成，而光尤为重要。一切形态，皆因光的变化而显出。故莫奈用力于光的研究。他不欢喜室内的暗光，而欢喜室外的阳光。而且描写这阳光时，必须坐在阳光前面，一面看，一面描，方才不致失真。莫奈的大作，都是无名的野外风景。或者描一片水，或者描几株树，或者描些稻草堆。画的好坏不在于题材上，而在于自然物的光与色的描法上。

西洋画派的变迁，每一派是一次革命。然而以前所述的古典派、浪漫派、写实派、印象派，都不过是小革命而已。根本动摇的大革命是后期印象派。何以言之？古典、浪漫、写实三派，虽题材的选取各人不同，但画面上大体同是以客观物象的细写为主的；印象派注重瞬间的印象描写，不复拘泥于物象的细写，比前者另辟一径；但其描写仍以客观物的忠实的再现为主。非但如此，又进而用科学的态度，极端注重客观的表现，绝不许参加主观的分子。所以上述的几派，可说是共通地以客观描写为主的绘画。到了前世纪末叶的后期印象派，西洋画法根本动摇，即废止从来的客观的忠实的再现，而开始注重画家内心的表现了。换言之，从前描形描色均照客观，现在却照画家的心。心中感觉如何，即描成如何，不管实际的形色。中国画向来是如此的。譬如描山水，照画家胸中丘壑而自由布置；描人物，照画家心中理想而自由取姿势。与实际山水的位置及实际人物的解剖合不合，均不计较。现在后期印象派亦取这态度作画。故后期印象派可说是东洋画化的西洋画。以前的西洋画都画得像真物，今后的西洋画就不像真物了。

后期印象派有三大家，其中赛尚痕〔塞尚〕为之祖。余二人为其景从者：

Paul Cezanne（赛尚痕，1839—1906）

Vincontvan Gogh（谷诃〔梵高〕，1853—1890）

Paul Gattgoin（果刚〔高更〕，1848—1903）

赛尚痕是法国巴黎一位银行家的儿子，少年时学法律，二十余岁始改习绘画。起初研究马南等的外光派画法。四十岁时，独自默默地归故乡，潜心研究，创造出自己的新画派来。他的艺术的特色有二，即色彩的特殊性，与形的团块的表现。试看他的画，那人物及背景，色彩浓重，形体坚强有力。显然不是实物的再现，而含有画家的主观的意图了。后来的野兽派及各新兴派，都受赛尚痕的指导。所以人称他为“新兴艺术之父”。

谷诃有“火焰画家”之称。为的是他的主观非常强烈，如火烧一般，因此他的画也富有气势，与中国的粗笔画更相类似。他是荷兰人，一个牧师的儿子，因此他的宗教的信心很强。最初因爱好美术，到巴黎的美术商店做店员。然而他的热情，不适于这种职业，屡次遭店主斥逐。后来到英国，当基督教学校的教师。后又到比利时当传道师。这期间他传教非常热心。有时在炭坑中或工场中向民众说教，有时在神前虔敬地祈祷。他对民众说教时，觉得用绘画为宣传手段最为适宜。为这一念所驱，他就猛然地向艺术突进。后来就深入艺术的境地中。他不把艺术当作憧憬的陶醉的娱乐物，而视之为自己心灵的表现。于是埋头于自然观察及绘画研究中。因为感情过于热烈，后来神经有病，自己拿剃刀割去耳朵。他的朋友把他送进脑病院，疗养数年，仍不见效。有一天用手枪自杀，误中腿部，一时不死。在病院中过了几天，忽然气绝了。遗下杰作甚多。就中《向日葵》《脑病院》〔一作《医院的内院》〕《自画像》等，是世人所共赏的。

果刚也是一个奇人。他生于巴黎，幼年失父，十七岁当水夫，度航海生活。二十一岁时舍船，来巴黎做店员。地位渐渐高起来，做了经理。娶妻，生子女五人，居然做了巴黎的资产阶级。然艺术的根性潜在他的身心中，有一天他忽然弃职，抛却妻子，独自逃入艺术研究中。他对于巴黎的文明社会的繁华生活，渐渐觉得讨嫌起来，一心企慕原始风的质朴的人生。他在航海中，曾经见过海洋中岛国上的未开化人的生活。这时候他就离去巴黎，逃至大西洋中的塔希谛〔塔希提〕岛（Tabiti），做了未开化人，度原始的生活。所以他的画中，有不少是原始人生活的描写。大抵肤色黄黑，眉眼粗大，衣服朴陋，背景是南洋的海岛上的风景。

以上三人的画的特色，是线条显明，形状奇怪，色彩浓重。由这特色更进一步，便是下述的野兽派。野兽派，即fattvists。这名目与印象派一样，也不是自己取定，而是批评者给他们的绰号。这一派的繁荣，始于二三十年前，现在正占着欧洲画坛的重要地位。许多画家，现在大都还活动着。其中主导者为马谛斯〔马蒂斯〕。

活动一　比较印象画派作品与以前的画有哪些不同？

活动二 请将毕沙罗、西斯莱、雷诺阿、德加四位印象派画家名字对应填入其作品下。

①_____

②_____

③_____

④_____

学习拓展

后期印象派的特点是线条显明，形状奇怪，色彩浓重。“印象派是光与色的革命，故又名外光派。”后期印象派特征“力”与“动”，始发见“线”，用线为手段，来描绘出画家的主观的心的跃动。

——《丰子恺文集·艺术卷三·后印象派》

你能找出以下几幅作品的共同点吗？

第35课

“丰子恺之歌”泥塑与版画主题展

结合美术课《用泥造型》《烽火岁月中的版画》的学习经验，尝试创作以丰子恺为主题的泥塑与版画作品，感受丰子恺的艺术审美，表现你对丰子恺艺术审美的理解。

学习活动

丰子恺先生的画

活动一 欣赏上述作品，分享你的理解。

活动二 选择其中一幅进行创意设计。

请根据丰子恺先生的文章题字，用泥塑或版画形式表现人物形象。

泥塑组：运用手中的超轻粘土工具材料来还原丰子恺漫画作品。

版画组：运用手中的木刻版画工具材料创作丰子恺漫画作品。

学习拓展

课后利用宣传媒介或社团活动，分组整理、设计、策展、展评。

第36课

唐代的绘画

夏、商、周三代的美术，我们现在所能见的，只有地下发掘出来的器皿。这种器皿上有种种的雕刻。这便是古代的图案，也可说是古代的绘画。古代的铜器，其纹样大约可分二种：几何纹样、动物模样。几何纹样中最普通的是水浪纹、连锁纹等。动物模样则鱼鸟走兽都有。形态幼稚而古朴，线条简单而坚劲。在金石书画上，这些古代绘画富有美术的价值。但在绘画的发展上看，这些毕竟是技术简陋的表现。其古雅虽不可及，但其巧妙亦不足道。

学习活动

唐代的绘画

丰子恺

唐以前的风景，还与图案模样相去不远。唐初，画法稍稍进步，用细线一一精写对象的细部，略似现在的钢笔画。其法称为“铁线描”，谓线之细而硬若铁线也。还有一种稍委婉的线描，称为“游丝描”，谓其线之活拨若游丝也。然而这种画法都陷于图案风，全无写生之趣。即张彦远所谓“功倍愈拙，不胜其色”。开始改革这等线描的，是吴道玄。

吴道玄字道子，是玄宗时阳翟人。他起初也学铁线描及游丝描，后来反对这种细描，开始用粗细不同的线。从前描线时，腕的用力不分轻重，一律到底，仿佛现在的用器画一般。吴道子开始用写字般的笔法来描线，用力或轻或重，挥笔或快或慢，一视对象的性质与主观的感觉而定。故其笔富有生趣。用这种线条来写山水，其山水就表出个性，富有写生的意趣。故山水画的独立，以吴道子的线条为引导。

然山水独立革命的主将，是李思训与王维二人。李的画法细致而力强，王的画法渲淡而自然。李为北宗之祖，王为南宗之祖。中国绘画自唐以来，分南北二宗。

李思训是唐的宗室，官至左武卫大将军。早岁即以画著名。他所画的着色山水，用金碧辉映，自成一家之法。其子昭道，稍变其父之法，而妙又过之。一家五人皆擅长丹青，而思训昭道父子为最著。用金碧辉映，其画法自然与吴道子异趣。吴是简笔的，李是工笔的，不过这工笔不似从前的死板，却从自然观察中实地写生，画面自能生动。

与李思训相反，另树一帜的，是比他年纪稍轻的后辈王维。其画派称为"南宗派"。承继者为宋朝的董源、巨然、朱家父子及元朝的四家等。但所谓北宗南宗，并非在当时早就定下名称的。乃一直后来，明朝的莫是龙及董其昌，把唐、宋以来的画家依作风归类，方始定下"南宗""北宗"的名称。王维的作品传到今日的，有《江山雪霁图卷》，复制品也容易看到。王维字摩诘，太原人。通诸艺，作诗不亚于李白、杜甫，当时称为诗坛四杰之一。又工画，富贵权门皆拂席相迎。时值安禄山反，王维为贼所捕。禄山素知其才，迎置洛阳，拘于普施寺，迫令为给事中。因此贼亡后，王维得罪下狱。其弟王缙，愿削自己刑部待郎职，以赎兄罪。于是王维复为右丞。后弃官，栖隐辋川别业，友诗画琴瑟，以送余生。其妻亡，不再娶。三十年孤居一室，屏绝尘累。与弟缙皆皈依佛门，居常蔬食，不茹荤血。以清静长终。其画如其人，又如其诗，淡雅而自然，尤富诗趣。故苏东坡说："味摩诘之诗，诗中有画；观摩诘之画，画中有诗。"董其昌说："文人画自王右丞始。"

文人画是中国绘画上的一大特色。西洋文化亦分业，画家有胸无点墨者。故其作品亦多匠气，毫无风韵。中国画饶有风韵者，正为画家多兼文人之故。英语称画家与漆匠皆曰Painter，画家与漆匠的工作亦相似。在中国则画家与漆匠名实均大异。这是东西绘画上的一大异点。这异点的来由，画法与画家互相关系。因画法不同，画家所需要的修养亦异。因画家的修养相异，其画法遂益见不同。

以上是唐朝以前的中国绘画界的状况。一方面由图案变为铁线描，又变为吴带当风，再展出金碧与渲淡。一方面由动物植物纹样变为人物，又变为山水、花鸟。可知到了唐代，绘画在技法上及题材上，皆已完全发达。仿佛一个人已达成年，身体精神均完全发育，以后可以展开其伟大的事业了。

（节选自《丰子恺文集·艺术卷三》）

活动一 学习上述文字，你认为下列哪些是唐代的绘画？

A

B

C

D

活动二 你能根据丰子恺先生的文字写出下面唐代人物画属于哪位画家吗？

A(　　)

B(　　)

活动三 你能根据丰子恺先生的文字写出下面唐代山水画属于哪位画家吗？

A(　　)

B(　　)

学习拓展

阅读以下资料，完成中国绘画的发展脉络表格。

1.就中吴道玄、李思训、王维三人，就为划时代的革命画家。他们的革命，就是把画材的范围放大，遍取山水人物花鸟，使之入画。而千百年来为中国画之正格的风景画，由此独立。

2.宋代的墨画注重渲染与皴法，皆以荆浩为先驱。太宗即位，设“翰林图画院”。其后李唐、刘松年、马远、夏珪，就创造一种画风，特称为院体画。国初有三家，即李成、范宽、董源，称为“古今三大家”。

3.元代四大家，仍是以山水为宗的。四大家者，即所谓“黄、吴、倪、王”——黄公望、吴镇、倪瓒、王蒙，之前，还有一位开路先锋，即宋末的赵孟頫。四大家所建立的新体山水画，是支配以下明、清五百年间的中国画坛的。

4.明初的戴进，是明画院中人，承继马远的画风，独树一派，即所谓的“浙派”。同时又有一派，与浙派同属院体，而承继李唐、刘松年的系统，其代表者即周臣，其门下有二高足，即唐寅与仇英。

5.明末至清代，画坛全为吴派所支配了。主要人物有三，即沈周、文徵明、董其昌。

6.清初六大家，称为“四王、吴、恽”。即王时敏、王鉴、王翚、王原祁、吴历，及恽寿平是也。

（节选自《丰子恺文集·艺术卷三》）

唐	宋	元	明	清

第37课

文艺复兴的三杰争雄

丰子恺先生说，西洋绘画的发达，比中国迟得多。中国绘画在六朝时候就独立，相当于西洋五世纪初。西洋绘画到了文艺复兴期方始发达，相当于中国明朝时代。相差约有一千年（文艺复兴期以前虽然早已有了绘画，但其绘画同我国六朝以前的一样，很不发达）。又，中国绘画在六朝以前都是以人物为主的画，六朝时始有风景画的独立。西洋画的发达程序亦然，而时间比中国迟得多：自文艺复兴到十八世纪的画，都是以人物为主的；到了十九世纪，方始有风景画的独立。反之，西洋绘画的发达，却比中国绘画急进。在文艺复兴期，绘画大发达一次；到了近百余年间，绘画更大地发达一次，其间画派之复杂，画家之众多，为中国画坛所不及。

学习活动

文艺复兴三杰的争雄

丰子恺

意大利“文艺复兴期”共有三位最大的美术家，后人称之为“文艺复兴三杰”。达·芬奇便是文艺复兴三杰之一人。其余二人，一人名曰米开朗基罗〔米开朗琪罗〕，一人名曰拉菲尔〔拉斐尔〕。

米开朗基罗也是一个大天才，雕刻、建筑、绘画，各种美术都会；他的作品中又有一个特色，便是“雄健”。这是达·芬奇的艺术中所没有的。于是一向尊敬达·芬奇的人，现在都觉得米开朗基罗比达·芬奇更好，大家去称赞米开朗基罗了。就有许多人批评达·芬奇的不好，他们都说：“达·芬奇已经老残了！”

本来在意大利美术界上称王的达·芬奇，现在只得让位给米开朗基罗。达·芬奇无聊得很，就离开了意大利，逃到法兰西，伏处在法兰西的乡下，一直到死。他的晚年是很孤独的。那样的大天才，而结局这样冷淡，真是可惜的事！

米开朗基罗幼时不在自己家里养育，而寄养在乳母的家里。这乳母的丈夫是做石匠的。米开朗基罗从小看惯石头的种种雕刻，每天在石头中间起居游戏。他的雕刻的天才，大概在这时候已经萌芽。他的艺术的“雄健”的特色，恐怕也是受石头的影响的。

年龄稍长，父亲送他到弗罗纶斯去进学校。他有一个朋友，在当时有名的画家奇郎达约〔基朗达约〕(Ghirlandajo，1449—1494）先生那里学画。他常常向这朋友借用颜料，自己描画。有一天，这朋友拿了他的画，伴了他到奇郎达约先生家里去。先生见了，就对他说：“你不要读书了，到我这里来学画吧！”米开朗基罗非常欢喜，就跑回家中，恳求父亲。父亲一想，奇郎达约先生是当今大名鼎鼎的大画家，他的称赞一定不会错的。就允许米开朗基罗从师学画。这时候米开朗基罗还只十三岁，立刻抛弃了书包，跟奇郎达约先生去学画了。

米开朗基罗自从进了奇郎达约先生的门以后，日夜用功描画。进步之快，真是一日千里！学得不到二年，各种画法已经统统学得。先生对他的朋友说：“米开朗基罗的进步真快，我再没有画法可以教他了。”

这时候弗罗纶斯有一个富人，名曰洛伦作〔洛伦佐〕。这人非常爱好美术。家中收藏许多希腊的雕刻。米开朗基罗有一次到他家中去参观雕刻，那富人非常佩服米开朗基罗的画才，一定要留他长住在他家中作客。米开朗基罗本来喜欢他的希腊雕刻，就辞别了奇郎达约先生，来洛伦作的家中作客。洛伦作把所有的有名的美术品都借给他研究，又送他研究费，供给他的生活。米开朗基罗在他家中住了好几年，得益很多。他是米开朗基罗的恩人。

但不久这恩人死了。米开朗基罗在恩人家中研究了几年的雕刻，对于雕刻很有兴味。他就到罗马去，专门研究雕刻。这时候他正是二十四岁。他在罗马所作雕刻都很好，罗马的美术家都赞叹他。他的名誉已传布于全罗马了。有一次，他自己雕了一个希腊神像，雕得和古代希腊人的作品一样精妙。他把这神像埋在土中，故意教人去发掘出来。人们都当作是真的希腊时代的作品，没有一个人知道是假造的。后来米开朗基罗自己说穿，人们更加佩服他的本领了。

弗罗纶斯的人闻得了他的美名，就派人到罗马去请他回来。因为弗罗纶斯地方有一块百年前传下来的大理石。这大理石非常坚硬而巨大，百年来没有一个人敢动手雕刻。弗罗纶斯的人想请米开朗基罗来担任这件大工作，故请他回来。米开朗基罗很想试试这块大石看，就回答说："好的，我来了。"

他拿这块巨大的大理石来，雕一个大卫的像。大卫是希伯来圣人，就是基督教的远祖。米开朗基罗所雕的像，非常有生气而伟大，全身约有三四个真的人体那么高，重量更是非凡。雕好之后，载在车上，请四十个强健的工人搬运到弗罗纶斯的大街中，搬了四天，方始搬到。那像就建立在大街的中央，每月有千万人在他的脚下瞻仰他。

从此米开朗基罗成了有名的大雕刻家。罗马法王犹理斯〔教皇尤利〕二世就来聘他，请他到罗马去为他建造一所坟墓。米开朗基罗到罗马去见法王，知道他所欲造的坟墓规模非常宏大，确是件很有趣味的工作，就答允他。法王就请米开朗基罗先到有名的卡拉拉山中去采办最良好的大理石。采办了一年，得了许多良好的石材，运到罗马王宫的庭中来。很广大的宫廷，堆满了世界最良的大理石。这都是米开朗基罗的雕刻的材料，米开朗基罗看了，心中很是欢喜。

但是运气很不好，法王身边有一个恶人，深恐米开朗基罗造了这墓要得大功，就嫉妒他。这恶人巧妙地想出一个道理来，对法王说："自己活着的时候先造坟墓，是很不祥的。请大王在百年之后再造吧。"法王果然听从这恶人的话，说不要造墓了。这是很没道理的话，但当时的法王专制得很，不讲道理。米开朗基罗心中愤怒，但是没有法子，只得离去罗马。许多大理石原是法王托米开朗基罗去办来的，但法王不肯付钱，这钱也要米开朗基罗代付了。

米开朗基罗白辛苦了一年，又欠了一笔债，回到弗罗纶斯。但他到底气量伟大，能容忍这苦痛，仍旧努力雕刻。他以前曾刻大卫的像；现在又雕一座摩西像，雕得更加雄大；为世界一等的大雕刻。摩西是犹太的贤人。这雕像右手抱着记录法律的板，头上生着智慧的角，神气雄大而庄严，使人望了觉得恐缩。

米开朗基罗是大雕刻家，同时又是大画家。故自达·芬奇退隐以后，意大利美术界就让米开朗基罗一人独占了。

但米开朗基罗后来也遇到了一个青年的敌手，恰同达·芬奇的遇到米开朗基罗一样。这敌手就是拉菲尔。

三杰的艺术，各有其特色。达·芬奇的特色是“神秘”，米开朗基罗的特色是“力强”，拉菲尔的特色是“优美”。达·芬奇的艺术像海一般深，米开朗基罗的艺术像山一般高，拉菲尔的艺术则像春日的田野一般优美。就在《蒙娜丽莎》《巫女》与《圣母子》中，也可看出这种特点。

拉菲尔生于意大利北部高原的村中。他的母亲是一个很优秀的女子。他的父亲也欢喜描画。拉菲尔从小就欢喜画，十六岁的时候，为当时有名的大画家比鲁奇诺〔彼罗基诺〕(Perugino）先生做助手，同时又跟他学画。他的研究非常用功，技术日渐进步。学了不多时，已把先生的技术尽行学得。先生对人说道：“以后要请拉菲尔教我了。”

这时候弗罗纶斯最伟大的美术家，还是达·芬奇。拉菲尔久闻其名，而没有见过他的作品。他就辞别了比鲁奇诺先生，来到弗罗纶斯。看了达·芬奇的作品，心中的确非常感动。后来又看见米开朗基罗等的作品，学得了许多长处，自己的艺术更加丰富了。

拉菲尔是一个很清秀的青年，其一举一动，也都优雅，当时的人们都敬爱他。可惜他的寿命太短，三十七岁就死去。但他在这短促的生涯中，一共描了近三百幅的绘画。在这些绘画中，有许多幅是圣母子的绘画。圣母子，就是耶稣的母亲和幼年的耶稣，西洋人称之曰“马童拿”〔“圣母像”〕(“Madonna”)。拉菲尔平生最欢喜描圣母子像。他所描的圣母，相貌温雅而秀丽，人们看了都欢喜赞叹。

拉菲尔虽然短命，但他的一生，自生至死，都很幸福，不像达·芬奇与米开朗基罗的遭逢苦难，故他的艺术也很优美、调和而圆满。他死后数百年来，世人不绝地在尊敬他，称他为“画家的王子”。他的“马童拿”，后世的人尤加爱看，没有一个人不赞美。直到现今，人们还不绝地在赞美拉菲尔的马童拿。例如称赞一个女子的相貌好，就说她像“拉菲尔的马童拿”，就是“她是美人”的意思。这句话现今的英国地方，还是很通行的。

文艺复兴期，意大利地方还有很多美术家；但上面所说的三人，是三个大将，故称为“三杰”。

（节选自《丰子恺文集·艺术卷二》）

活动一 请说出下列两幅米开朗基罗作品的名称，并简要解说。

活动二 请说出下列两幅拉斐尔作品的名称，并简要解说。

学习拓展

丰子恺说：“三杰的艺术，各有其特色。达·芬奇的特色是‘神秘’，米开朗基罗的特色是‘力强’，拉菲尔的特色是‘优美’。达·芬奇的艺术像海一般深，米开朗基罗的艺术像山一般高，拉菲尔的艺术则像春日的田野一般优美。”请结合作品谈谈你的理解。

第38课

丰子恺小传

丰子恺纪念馆“前言”中这样写道：风云际会的二十世纪，虽是中华民族磨难最多的历史时期，却也是群星璀璨、大师辈出的伟大时代。他们是民族的脊梁，在最黑暗的时刻点燃了民族复兴的希望。这个江南水乡小镇孕育的文艺大师丰子恺就是其中的民族精英之一。他在洪涛汹涌中，默默承受时代的灾难，从来不彷徨呐喊，不尖酸刻薄，却又于无声中批驳喧嚣的世俗，通过绘画和文学，创作和翻译，沉潜人类心灵的精极，揭发宇宙的奥秘，生命的无常和可贵。丰子恺不但是故乡的，也是中国的，更是人类的。他那多彩的艺术人生，将是后人取之不竭的一座精神宝库。

学习活动

我的父亲

丰华瞻

父亲于一八九八年（清光绪二十四年）十一月九日生于浙江省崇德县石门湾（今桐乡市石门镇）。祖上在石门镇开一家小染坊。祖父名丰鐄（字斛泉），长于诗文，于一九零二年乡试时中“举人”。父亲是祖父的第七个孩子，是长子；父亲的姐弟大多夭折早亡。

父亲八岁时，祖父就患肺病去世。父亲九岁时进私塾读书，十二岁入石门湾西溪小学。一九一四年他十六岁时，到杭州浙江省立第一师范学校读书。浙江第一师范的教师李叔同先生（后出家，法号“弘一法师”）教他图画、音乐，发现他的才能，鼓励他向绘画方面发展。李先生不但精于图画、音乐，也擅长戏剧、文学、书法，对父亲的一生有很大的影响。

一九一九年父亲毕业于浙江第一师范后，在上海专科师范任教。一九二一年初赴日本留学。在东京参加洋画研究会与音乐研究会。年底由日本返国。

一九二二年，父亲在浙江上虞白马湖春晖中学任教。这时开始作漫画。有几幅画发表于《我们》杂志上。一九二四年父亲辞去春晖中学职到上海创办立达学园。

一九二五年父亲的漫画在郑振铎主编的《文学周报》上连续发表，称为“子恺漫画”。一九二五年十二月由文学周报社出版《子恺漫画》，内收画六十幅，这是父亲的第一本画集，也是中国的第一本漫画集。

从一九二六年到一九三七年间陆续出版的画集有《子恺画集》《护生画集》《学生漫画》《儿童漫画》《都会之音》《云霓》《人间相》等。其中除描写诗词意境、儿童生活与学生生活的画外，有大量的画揭露旧社会的黑暗与劳动人民所受的苦难。同一时期中父亲出版了散文集《缘缘堂随笔》《缘缘堂再笔》《车厢社会》等，又出版了大量的音乐书与艺术理论书，如《音乐入书》《中文名歌五十曲》《近世十大音乐家》《西洋画派十二讲》《艺术趣味》《艺术漫谈》等。

一九三七年抗战爆发。十一月，父亲率全家逃难。从故乡出发，经江西，到达湖南长沙。后迁广西桂林。一九三九年春，父亲受浙江大学之聘，到广西宜山浙大任教。后随浙大迁往贵州遵义。一九四二年秋，父亲到达四川重庆，任教于国立艺术专科学校。

一年后辞职，在家著述为生。

抗战期间父亲在西南各省出版的画集有《漫画阿Q正传》《大树画册》《客窗漫画》《画中有诗》等。一九四一年在遵义绘成《子恺漫画全集》，至一九四五年十二月由开明书店在上海出版。《全集》共分六册，收画四百二十四幅。一九四五年抗战结束，次年父亲回到杭州。一九四六至四八年住在杭州期间出版的画集有《又生画集》与彩色版《子恺漫画选》等。

建国后父亲一直住在上海。任上海市人民代表与政协委员，又任全国政协委员。任中国美术家协会常务理事、上海市美术家协会主席、上海市作家协会副主席、上海市文学艺术家联合会副主席。一九六零年任上海中国画院院长。大部分时间在家著述。

建国以后父亲主要从事翻译俄文与日文的文学作品。译有《猎人笔记》《夏目漱石选集》《源氏物语》等。画集方面出版的有《绘画鲁迅小说》《子恺漫画选》(一九五五年)、《丰子恺儿童漫画选》英文本与印尼文本(一九五六年)、彩色的《丰子恺画集》(一九六三年)。

父亲一生著作丰富，共有一百五十多种。他在绘画、文学、音乐、书法、艺术理论与翻译等各方面都作出了贡献。他在国内外都有较大的影响。

十年浩劫期间，父亲被林彪、“四人帮”加上莫须有罪名，遭到残酷迫害，身心备受摧残。一九七零年初他患重病，卧病半年。病愈后，他不顾林彪、“四人帮”的迫害，仍坚持作画，并从事翻译。但由于长期受折磨，患了肺癌。一九七五年九月十五日，父亲在阴霾蔽日的情况下含恨长逝。

一九七九年六月二十八日，在上海龙华公墓大厅举行隆重的骨灰安放仪式。上海市领导同志在骨灰安放仪式悼词中指出：父亲痛恨旧社会的反动统治，用美术创作来表示他的正义感和斗争精神；建国后他为社会主义文艺事业忘我地进行劳动，热情歌颂了中国共产党，歌颂了社会主义。会上还宣读了中共上海市委为父亲彻底平反的决定。

活动一 根据文章内容，拟制一份丰子恺先生的时间年表。体会编制年表时内容的选择和叙述方式。

示例

时间（年月）	主要事件

活动二

下面是“丰子恺纪念馆”中的四段介绍文字，阅读并完成任务。

1.给每一则介绍文字拟一个小标题，填写在横线上。

＿＿＿＿＿＿＿＿

1898年11月9日，丰子恺出生于石湾镇丰氏祖宅“惇德堂”楼上。当时称玉溪镇，属嘉兴府石门县，玉溪镇是紧依江南大运河的水乡古镇。处于农商繁盛的江南地区，物阜民富，民风淳朴，生活精致，情感细腻，这对童年的丰子恺以很大的熏陶和启发。丰家又是书香人家，父亲中举的盛况留给丰子恺很深的印象。丰家的祖传染坊，石门民间丰富的节俗与娱乐，给了丰子恺最初的艺术启蒙。

A

＿＿＿＿＿＿＿＿

日本投降，抗战胜利，丰子恺辗转西北，迂回返乡，舟车食宿之困窘，竟比逃难时更狼狈。回到故乡石门湾后，缘缘堂已经一片废墟，只能在杭州另觅新巢。1948年，丰子恺率幼女丰一吟同游台湾，观阿里山神木，泛舟日月潭，去台北办画展，去电台作讲演，在宝岛留下了难忘的艺术足迹。11月下旬，返回厦门，由广知法师陪同，凭吊弘一大师遗迹。1949年4月23日，在隆隆炮声中，丰子恺由香港飞返上海，迎接解放。

B

______________	______________
归国不久的丰子恺应夏丏尊之邀，来到上虞白马湖畔的春晖中学，任音乐美术教师。在这山青水秀，情趣舒展的优越环境里，诞生了至今仍脍炙人口的简笔画种——“子恺漫画”。 1924年，丰子恺与几个意趣相合的同仁，回上海筹办“立达学园”，不久，成立“立达学会”，随即参与开明书店的筹划。开始进入他创作的高峰期：漫画、随笔散文、文艺理论、音乐、美术，均留下传世之作。	侵华日军的炮火打破了缘缘堂的宁静，怀着“宁作流浪者，不当亡国奴”的决心，丰子恺扶老携幼，率全家及亲友十余口，开始了八年艰辛的离乱生活，逃难途中，历尽惊险，多次突遇热心读者的帮助，得于化险为夷。 同时，因逃难而背井离乡的丰子恺，第一次亲身领略了祖国西南秀丽的山川和瑰异的风情，从而拓展了他的艺术题材和人生襟怀。他用手中的笔参与了神圣的抗战。
C	D

（2）根据丰子恺生平简介，按照时间先后给四则介绍文字排序。

____

活动三 根据下列对丰子恺家庭情况的介绍，画一张丰子恺家庭人物关系图谱。

艺术家丰子恺爱子女是众所周知的，他的许多漫画作品直接就以他的子女作描绘的对象，比如《瞻瞻的车》画的是他的长子，《阿宝赤膊》描的是他的长女，如此等等，不一而足。丰子恺自然也知道真正爱孩子是要让他们受教育，所以，他对孩子的读书学习极其重视。1932年他的缘缘堂在故乡石门落成后，丰子恺就隐居乡间读书作画、写文赋诗，在他看来，这是他梦寐以求的理想生活，然而，为了两个女儿的读书，他居然不惜金钱，另在杭州设“行宫”，为的是能让女儿就近在省城上学。

丰子恺爱子女，而他的子女也十分争气，他的三子四女中，皆学有所成：长子丰华瞻攻比较诗学，曾任上海复旦大学的教授；次子丰元草长期从事音乐出版，曾任人民音乐出版社编辑；幼子丰新枚通数国语言，曾任海外专利代表；长女丰陈宝，中外文水平具佳，曾任上海译文出版社编审；次女丰宛音多年从教，长期供职中学；幼女丰一吟多才多艺，文学、书画、翻译兼通，曾任上海社会科学院副研究员；另有一女丰宁馨，虽非亲生，但丰子恺视同己出，此女亦曾在杭州大学数学系任副教授。

时今，丰子恺的第三代、第四代，人丁兴旺，分布于京、沪、苏、杭、香港各地，并有在美国、日本发展的，不乏在各自岗位做出了令人瞩目业绩者。如丰子恺外孙，二女儿丰林先的长子宋菲君，已是国际知名光学专家，曾任北京信息光学仪器研究所副所长，常受邀去国外讲学。

丰子恺、徐力民夫妇新婚照

丰子恺与幼子丰新枚（左）、外孙宋菲君（右）

丰子恺家庭人物关系谱

学习拓展

以下是丰子恺先生珍贵的老照片，请辨认体会。

[家庭合影照片]

宋雪君：这幅画——《日月楼中日月长》，是我外公、小阿姨和小舅舅三个人1956年在日月楼上工作的情况，他画了这幅漫画，把自己也画下来，题为：日月楼中日月长。他的好朋友，国学大师马一浮先生，反过来给这一句写了副上联，叫星河界里星河转。这两联都可以引申到我们的人生哲学中去。

第39课

丰子恺的朋友圈

了解丰子恺主要交往人物，激发继续探索丰子恺的热情。

学习准备

1. 七年级语文散文单元《从百草园到三味书屋》《再塑生命的人》；
2. 八年级语文上册名人传记单元。

（一）做十分像“人”的人

对丰子恺的一生影响最大者，当属李叔同先生。1914年，十七岁的丰子恺考入浙江省立第一师范学校。就是在这所学校，丰子恺遇到了李叔同先生。丰子恺从李叔同这位老师那里学到了很多很多，首先就是绘画。丰子恺清晰地记得一件事，有一晚，当时任级长的丰子恺为去汇报，完毕将退出时，李先生喊住他，用很轻却严肃的声音对他说：“你的图画进步快。我在南京和杭州两处教课，没有见过像你这样进步快速的，你以后可以……”从这晚起，丰子恺打定主意，专门学画，把一生奉献给艺术。

丰子恺从李叔同那里学到的另一项就是“认真”。李先生的相貌，可以用“温而厉”三个字来描写。讲桌上放着点名簿、讲义，以及他的教课笔记簿、粉笔。钢琴罩解开着，琴盖开着，乐谱摆着，琴头上又放着一只计时表，闪闪的金光直射到大家的眼中，两块黑板上早已清楚地写好课内所有应学的内容。李先生站起身来，向大家深深一鞠躬，课就这样开始了。李先生用这样的态度来教音乐，因此上音乐课时，大家都比上其他课更认真更严肃；同时大家对音乐教师李叔同先生，也比对其他教师更敬仰。

弘一法师给丰子恺树立了一个极好的榜样，每做一种人、每从事一种职业，都是认认真真地去做，都是做到极致。所以，作为学生的丰子恺，也有不少相似之处：做学生是个优秀学生，做老师是个好老师，做作家能写好随笔，做画家是个名画家，做书法家写得一手好字，做译者也是一个优秀的翻译家……

其实，丰子恺不单单是向李先生学习艺术，学习认真，更主要的向这位大师学习做人，这可以说是丰子恺从李叔同先生那里继承的最大遗产。丰子恺在《<弘一大师全集>序》中说："我崇仰弘一法师，为了他是'十分像人的一个人'。凡做人，在当初，其本心未始不想做一个十分像'人'的人，但到后来，为环境、习惯、物欲、妄念等所阻碍，往往不能做得十分像'人'。其中九分像'人'，八分像'人'的，在这世间已很伟大；七分像'人'，六分像'人'的，也已值得赞誉，就是五分像人的在最近的社会里也已经是难得的'上流人'了。像弘一法师那样十分像人的人，古往今来，实在少有。所以使我十分崇仰。"

（二）亦师亦友亦兄弟

丰子恺因马一浮年长于自己十六岁，又是自己老师李叔同所敬佩的朋友，因而视马一浮为老师；而马一浮因敬重丰子恺的学识、为人和艺术成就，一直把丰子恺视为朋友。但在学术问题上，马一浮又像对待学生那样尽其所知以教育、指导丰子恺。这就形成了两人亦兄亦弟、半师半友的关系。讲起"兄"，还有个称不称兄的小插曲。马一浮给丰子恺写信，总称丰子恺为"子恺仁兄"或"子恺尊兄"。1939年初，丰在给马的信中表示，被称为"兄"实在不敢当，要求以后勿以"兄"见称。马一浮在1月17日回信时就改称"子恺吾友"，有趣的是在其下还注明："遵来谕不称兄"，而在以后写信时，又像忘记了似的，照样称"兄"不误。其实，马一浮说"子恺仁兄"，只是一种敬称，是对丰子恺的敬重，并非特指年纪上的"兄"。而要说他对于丰子恺学术以及艺术上的帮助，却是实实在在的。

1938年5月3日，马一浮致信丰子恺，评论丰子恺写的抗战歌曲："《高射炮打敌机》一首，篇法甚佳，音节亦似古乐府，此类歌曲能多作，甚善。”

马一浮对丰子恺的画，有极力称颂的，也有批评的。在《护生画集序》中，他说丰子恺画把护生画是“深解艺术”“以画说法”；在《赠丰子恺》诗中称“画痴今有丰子恺，漫画高文惊四海”，而在乐山参观丰子恺画展时，马一浮认为有的画“笔墨痕迹太重，亦是未臻超脱，未能空灵。名家杰作，令人望去几乎不知是画，此乃空灵之妙也”。

（三）子恺三画阿Q传

鲁迅出生于1881年，比丰子恺的恩师弘一法师小一岁；丰子恺出生于1898年，与鲁迅相差十七岁，丰子恺一直视鲁迅为自己的师长。

鲁迅与丰子恺，一位故乡是绍兴，一位故乡是桐乡，同是浙江人，同受吴越文化的熏陶。相同的生长环境，相同的留学背景，相同的志趣和艺术观，相同的家国情怀和社会责任，使他们两位成为新文化运动的坚定倡导者和实践者。据回忆，丰子恺经常在夏天的午后给孩子们念小说，念到鲁迅先生小说里面有关社会的苦难、人性的无奈，读着读着，丰子恺自己的眼泪就落下来了。真是“英雄识英雄”“英雄惜英雄”，这促使丰子恺想要为鲁迅的作品做些工作。

1937年春，丰子恺试着以鲁迅小说《阿Q正传》为题材来创作漫画，准备印刷时，因日寇攻打上海，图稿化为灰烬。1938年春天，丰子恺辗转转到了汉口，不顾流离颠沛之辛苦，提笔重作，谁知刚发表两幅漫画，又遇上日寇大轰炸，余下的六幅再次葬于炮火。

无情的战火两次毁掉了丰子恺的图稿，但丰子恺毫不气馁地说："炮火只能毁吾之稿，不能夺吾之志。只要有志，失者必可复得，亡者必可复兴。"抱着这样的信念，他于1939年3月，又一次重画《阿Q正传》。当时正值丰子恺辞去桂林师范教职，即将奔赴宜山之际。3月的大西南常常风雨阻途，路津车舟大都不能按时如期，丰子恺便利用这些候车待渡的时间，第三次画《阿Q正传》，并且很快完成了。1939年7月，第三次获得重生的漫画版《阿Q正传》终于出版。

烽火连三年，画稿抵万金，漫画阿Q的诞生，使鲁迅小说中阿Q从抽象的文字化成具象的图画，一个活生生的典型人物形象跃然纸上，此后几乎成为各种视觉艺术塑造阿Q的标准形象。漫画《阿Q正传》的面世既是对鲁迅精神的致敬，又是对日寇暴行的顽强抗争。从1939到1949年，在这十年的时间里，漫画《阿Q正传》刊印了十五版。丰子恺作了《阿Q正传》漫画后，还曾于1949年分别为鲁迅的《祝福》《孔乙己》《故乡》《明天》《风波》《药》《社戏》和《白光》八篇小说创作了连环漫画，并于1950年4月由上海万叶书店出版，书名为《绘画鲁迅小说》。画译鲁迅小说成为丰子恺给新时代的礼物。

活动一　阅读三篇小短文，完成下列表格。

丰子恺的朋友圈	和丰子恺的关系	对丰子恺产生的影响
李叔同		
马一浮		
鲁迅		

活动二　细读子恺与朋友的故事，结合下面三句格言，谈谈对友谊的理解和认识。

友谊的基础在于两个人的灵魂有着最大的相似。
——贝多芬

以切磋之谊取友，则学问日精。
——弘一法师

财富不是永久的朋友，但朋友是永久的财富。
——列夫·托尔斯泰

活动三 阅读下列故事，画一张你心目中的丰子恺朋友圈地图。

（一）数学才子诗味纯

苏步青，中国著名的数学家、教育家，中国微分几何学派创始人，他和丰子恺有一个特殊的关系：他竟然是丰子恺次女的证婚人，这是怎么回事呢？

丰子恺家在逃难时期有过一件喜事：1941年9月7日，次女丰林先（后改名为丰宛音）和宋慕法结婚了。丰子恺就亲手用毛笔在一张粉红色纸上写了结婚证书。这张结婚证书保留至今。苏步青怎么会做证婚人的呢？原来他与宋慕法是温州同乡，又与丰子恺有了较长时间的交往，于是就成了证婚人。从此以后，丰子恺与苏步青的交往日深。

其实早在20世纪30年代初，苏步青就从丰子恺的同学、数学家陈建功那里听说了丰子恺的名字。他对丰子恺的为人很钦佩，对其漫画也十分喜爱。

丰子恺家中的墙上，张挂苏步青赠诗：

草草杯盘共一欢，莫因柴米话辛酸。
春风已绿门前草，且耐余寒放眼看。

抗战胜利后，丰子恺迁居杭州，苏步青给他写了一首乞画诗：

淡抹浓妆水与山，西湖画舫几时闲？
何当乞得高人笔，晴雨清斋坐卧看。

对于苏步青以及他的诗，丰子恺曾有很高的评价：“数学家的诗句，滋味尤为纯正”“人做得好的，诗也做得好……樽前有了苏步青的诗，桌上酱鸭、酱肉、皮蛋和花生米，味同嚼蜡，唾弃不足惜了。”

新中国成立后，丰子恺与苏步青都居住在上海。苏步青经常携夫人来丰子恺家中游玩，丰子恺的“日月楼”成了他们谈天说地的场所。1956年冬，苏步青荣获中国科学院颁发的科学奖，丰子恺又送给苏步青一幅题为

《种瓜得瓜，种豆得豆》的画以示祝贺。

（二）

丰子恺与巴金的交往始于20世纪的20年代。巴金在《怀念丰先生》一文中说："我记得在南京念书时，是在1924年吧，我就喜欢他那些漫画。看他描写的古诗词的意境，看他描绘的儿童的心灵和幻梦，对我是一种愉快的享受。以后一直是这样。"

1945年夏，重庆开明书店开会商量图书出版设计，巴金和丰子恺都参加了。巴金是这样记录这次会面的："重庆开明书店遇见过他，谈过几句话，事后才想起这是丰先生。……他仍然是那样一个人：善良纯朴的心，简单朴素的生活，他始终愉快地、勤奋地从事他的工作。"

1949年以后，作为上海美术家协会主席的丰子恺与作为上海作家协会主席的巴金，交往日渐增多，再加上全国政治协商会议和上海文联的一些活动，两人应该是经常见面的。

巴金曾用这样一段话来述说他与丰先生的交往：

按情理我们应当成为往来密切的朋友。第一，子恺先生和我都是在开明书店出书较多的作者；第二，三四十年代中我的一些朋友常常用亲切、友好的语言谈起子恺先生，他们中间有的人同他一起创办了立达学园，有的人是这个学校的学生；第三，我认为他是人道主义者，而我的思想中也有人道主义的成分；第四，不列举了。……想来想去，唯一的原因大概是我生性孤僻，不爱讲话，不善于交际，不愿意会见生人，什么事都放在心里，藏在心底，心中盛不下，就求助于纸笔。

（三）漫画情缘

上世纪二十年代初期，浙江上虞县的白马湖畔有个春晖中学。在这所普通的中学里，聚集了一群杰出的青年教员。他们大多二十几岁，其中，二十七岁的丰子恺教音乐和国画，二十六岁的朱自清教国文。丰子恺和朱自清的亲密交往就始于春晖中学，从此一生交情深笃。

在漫画艺术上，朱自清堪称丰子恺的伯乐，是朱自清第一个把丰子恺的画稿拿去发表的。那时，白马湖畔的朱自清与远在北京的俞平伯合办了一个不定期的文艺刊物《我们的七月》。这是个篇幅小，内容精，装帧设计别致的小刊物，丰子恺不仅为这刊物设计封面，还在《我们的七月》上首次公开发表了一幅他的漫画《人散后，一钩新月天如水》。这幅漫画后来被郑振铎发现，他对这幅画及其作者感到莫大的兴趣。郑振铎便向朱自清打听丰子恺的消息。当时的丰子恺，还只是个默默无闻的教员。他当时画画的目的不是为了发表，只是信手拈来，记下所见所感而已，所以最初的画都画在废物讲义、包装纸、香烟盒的背面。当时谁也不会想到它们会成为后来蜚声中外的“子恺漫画”。正是朱自清第一个把丰子恺的画公开发表在自己主编的刊物上，慧眼识英才，当时只有二十几岁的朱自清，能有这样的眼力，令人钦佩。后来的事实证明，他看得很准，因为“子恺漫画”不久即成为了独树一帜的艺术流派。

1925年，丰子恺到上海创办立达学园，这时《文学周报》恰好要用插图，主编郑振铎便通过胡愈之向丰子恺索画，陆续发表在《文学周报》上，他给这些画冠以“漫画”的题头，名曰《子恺漫画》，从此中国始有“漫画”这一名称。后来，郑振铎要求为丰子恺出一本画集，遂在一个星期日和叶圣陶、胡愈之一起到江湾立达学园去看他的画。郑振铎回到上海后，与叶圣陶、沈雁冰共同挑选，把绝大部分都选进了集子，于1925年12月以文学周报社的名义结集出版。1926年，《子恺漫画》又以开明书店的版本继续出版，并且多次再版。

这册最初出版的画集得到了朋友们的热情支持，为

之作序写跋的有郑振铎、夏丏尊、朱自清、俞平伯等人。朱自清在序中赞叹说："我们都爱你的漫画有诗意，一幅幅漫画，就如一首首小诗——带核儿的小诗。你将诗的世界东一鳞西一爪地揭露出来，我们这就像吃橄榄似的，老觉着那味儿。"

（四）《开明国语课本》

那是一个上海丰子恺旧居日月楼对外开放的普通日子，一个大约读四年级、胖乎乎的小女孩跟着妈妈走进了日月楼。起先大家并不在意。小女孩被陈列在书架上的一本书深深吸引，她拿起书走到阳台窗户边，坐在藤椅上聚精会神地看起来，看得很仔细……她妈妈催了几次都不走。最后妈妈把书买了下来，她才高兴地离开。小女孩的妈妈对旧居接待人员说，从来没见过女儿像今天这样安静、专心的读书模样，她真的感到有点意外。是什么书，有这般的魔力能让一个四年级的小女孩爱不释手，读而忘返？

这本书就是《开明国语课本》。

讲到《开明国语课本》，我们马上就会想到两位大家，他们就是叶圣陶与丰子恺。话要回到八十多年前的1931年，这年，叶圣陶进入开明书店，从事编辑工作。

这期间，他做了一件非常重要的事，就是编写了一套小学生《开明国语课本》，由上海开明书店出版发行。叶圣陶力邀漫画家丰子恺加盟，丰子恺不但为每篇课文精心绘制了插图，而且还用小孩子们喜欢的规整的正楷手书了课文文字。这套精心编写制作的教材，上市后得到了教育界的普遍赞誉。叶圣陶和丰子恺受到了极大鼓舞，1934年，他们再次合作又完成了高等小学用的四册国语课本。这套课本初小八册，高小四册，共四百来篇课文，内容还有寓言故事、笑话趣闻、历史传说和儿童歌谣等，课文的编写取材丰富，涉及众多方面。全套教材充分反映了两位大师的教育思想和编撰制作艺术，所有课文都充满童心和童趣。

丰子恺的朋友圈

朋友姓名	人物成就	关系描述
苏步青		
梅兰芳		
巴金		
朱自清		
郑振铎		
叶圣陶		

学习拓展

课外搜索相关资料，将丰子恺的朋友圈地图画得越大越好。

丰子恺的朋友圈

朋友姓名	人物成就	关系描述

第40课

星河界里星河转

发现每一个心中的“丰子恺”，让“丰子恺”成为人生路上的哲学精神。

学习准备

课外阅读与欣赏丰子恺作品，与同学交流阅读丰子恺作品的体验和感悟。

活动一 哲学家冯友兰把人生境界划分为四个等级：自然境界，功利境界，道德境界，天地境界。请查找资料了解这四种境界的含义，并谈谈丰子恺先生的境界人生。

活动二 请你写则短文，表达你学习本课程之后的体验和感悟，并与同学交流。

学习拓展

儒、释、道三家是中国传统文化的精髓，作为一种文化命脉和精神基因，早已深入到每一个中国人的骨髓和血液。请你查找相关资料了解这三家的主要思想，就“儒、道、释对丰子恺的影响”这一话题进行讨论。

实施建议

	课题	与国家教材衔接内容	主要学习目标	实施学科
1	惜春	七上1.春	学习丰子恺《春》《惜春》，体会把熟悉的事物写出新意，感受作者情感	语文
2	学画	七上9.从百草园到三味书屋	体会丰子恺童年学习经历对人生成长的影响	语文
3	缘缘堂	七下8.土地的誓言	初步学习丰子恺关于“缘缘堂”系列文章，感受复杂深沉的感情；学习爱国爱家乡的思想情感	语文
4	启蒙	七下10.阿长与山海经	学习《视觉的粮食》，探究童年兴趣爱好对后来艺术生涯的启蒙影响	语文
5	阿庆	七下11.老王	学习《阿庆》，体味普通小人物在物质贫乏、地位地下的境况下的生活选择	语文
6	人力车夫	七下名著阅读骆驼祥子	学习《两场闹》《车厢社会》，从车夫的职业处境推断当时的社会现实，体会丰子恺的人道主义情怀	语文
7	陋巷	七下17.陋室铭	学习《陋巷》，体会丰子恺人生哲学思想，获得人生启迪	语文
8	母亲	八上7.回忆我的母亲	学习《我的母亲》，体会多线索在回忆性文章中的运用，感受母亲的伟大形象	语文
9	视界	八上13.唐诗五首	学习《文学的写生，有情化的描写》《从梅花说到艺术》，领悟丰子恺艺术审美的视界	语文
10	独揽梅花扫腊雪	八下1.社戏	学习《独揽梅花扫腊雪》，了解音阶的相关知识，感受丰子恺生活中发现艺术的情趣	语文
11	肉腿	八下3.安塞腰鼓 4.灯笼	学习《肉腿》，了解当时社会生活，体会丰子恺发现社会生活底层人物的光辉	语文
12	桐庐负暄	八下写作学写游记	初步学习“避寇日记”，了解其避难经历，知道其祖籍等；了解丰子恺“抗战散文”的艺术特点	语文
13	参观江西革命根据地随笔	爱国主义教育基地	学习“参观江西革命根据地随笔”，感受革命先烈的奉献意识和牺牲精神；体会丰子恺饮水思源、化作春泥更护花的爱国情感	综合
14	雷声的伴奏	九上20.谈创造性思维	学习《雷声的伴奏》，了解管弦乐的知识，体会丰子恺在自然现象中发现音乐之美的审美情趣	语文/音乐

续表

	课题	与国家教材衔接内容	主要学习目标	实施学科
15	我与弘一法师	九上10.精神的三间小屋	初步了解弘一法师“人生三层楼”的思想，以及对丰子恺艺术成就的影响	语文
16	湖畔夜饮	九上13.湖心亭看雪	学习《湖畔夜饮》，了解丰子恺与郑振铎的故事，感受朋友之情	语文
17	胜利还乡记	九上15.故乡	学习《故乡》《胜利还乡记》等文章，知道战争给故乡带来的沉重变化，体会丰子恺家乡情	语文/历史与社会
18	乡愁与艺术	九上3.我爱这土地 九上4.乡愁 九下1.祖国啊，我亲爱的祖国	学习《乡愁与艺术》，体会丰子恺的乡愁情结	语文
19	歌唱祖国	九上第一单元祖国情	学习《祖国进行曲（杜纳耶夫斯基）》，体会丰子恺的爱国思想情感	音乐
20	不朽的音乐家	七下音乐第一单元行进之歌肖邦/九上第四单元命运交响曲	艺术卷二p55莫扎特p105舒伯特 153舒曼207柴科夫斯基 艺术卷二P139肖邦	音乐
21	丰子恺书法艺术（二）	书法	初步了解丰子恺独特的书法艺术	书法
22	中举人	九上23.范进中举	初步了解丰子恺的父亲，以及古代科举制度对中国文人精神和生活产生的影响	语文
23	癞六伯	九上16.我的叔叔于勒；九下5.孔乙己	学习《癞六伯》，理解丰子恺眼中的癞六伯这一人物形象可敬与可怜之处	语文
24	古诗中的远近法	九下14.山水画的意境	了解绘画中的远近法，了解文学中的远近法，赏析写景名句	语文
25	艺术的创作与鉴赏	九下15.驱遣我们的想象	初步学习丰子恺关于“艺术的创作与鉴赏”的基本知识，简要了解鉴赏与创作的心理过程	语文
26	比喻	九下15.无言之美	初步学习《比喻解说》，了解比喻的类型和效果，感受比喻中蕴含的中华民族生活的智慧和文化的情趣	语文
27	丰子恺讲西方建筑艺术	七上 说建筑	初步学习《从坟到店》《殿的艺术》《宫的艺术》，了解西方建筑的发展脉络，从古至今依次为“坟—殿—寺—宫—店”五大主题，总括每一个时段的建筑特点	美术

续表

	课题	与国家教材衔接内容	主要学习目标	实施学科
28	实用工艺与美感	七上说实用工艺	学习《工艺实用品与美感》，初步了解生活用品的实用性与美感特征，欣赏感受来源于生活艺术设计的魅力	美术
29	战地漫画	七下红色记忆	欣赏丰子恺以抗战主题的漫画作品，表达自己对作品的感受，培育民族精神气节	美术
30	绘画六法	七下诗情画意——体会中国山水画的意境	初步学习丰子恺“绘画理论”，初步了解中西绘画中对气韵的不同解读	美术
31	漫画描法（二）	八上动漫天地	了解丰子恺漫画创作的四阶段；学习丰子恺漫画六法，写实法、比喻法、夸张法、假象法、点睛法、象征法	美术
32	丰子恺漫画的艺术精神	八上动漫故事会	初步了解丰子恺漫画的语言特色，感悟画如其人的大师风范，提升学生的漫画审美品位和创作能力	美术
33	丰子恺心中的西湖	八下美术美丽的西湖（名人与西湖）	初步欣赏丰子恺漫画中西湖元素以及情感表达，领略西湖之美	美术
34	印象派	八下印象派的画家们	学习《后期象派》《西洋名画巡礼》，初步了解印象派产生的时期、画派的主要画家及作品的特点	美术
35	泥塑与版画主题展	九上泥塑造型、烽火岁月中的版画	举办“丰子恺之歌”泥塑与版画主题展；通过创作或策划理解丰子恺的艺术主张	综合/美术
36	唐代的绘画	唐代美术	学习丰子恺《唐代的绘画》，了解唐代绘画的艺术成就和审美特点，探究盛唐多元艺术文化的欣赏方法	美术
37	文艺复兴的三杰争雄	文艺复兴时期的美术	学习《文艺复兴时期的西洋绘画》《文艺复兴的三杰争雄》，欣赏“文艺复兴三杰”的作品，了解文艺复兴时期的美术作品及其特点	美术
38	丰子恺小传	七下四水鲁迅先生	了解丰子恺生平，感悟丰子恺人生意义	综合
39	丰子恺的朋友圈	七下叶圣陶称生二三事	了解丰子恺社会交往，感悟丰子凯人格魅力，作品影响力	综合
40	星河界里星河转	人生与梦想	感悟丰子恺精神，立志、成才、立德、树人	综合

参考答案

第1课 惜春

活动一：

感受	暮春以前	暮春及以后
东洋人	生活上很不愉快、不便利；精神上、艺术上想想是很可爱的，是最愉快的	实际生活上愉快便利；伤春惜春，多感慨、悲叹、伤悲
西洋人	/	向来重视这季节；最快乐、最幸福、最精彩的时期
东西洋文化的区别	东洋人注重精神审美，西洋人注重生活实用（“讲求实利”）	

活动二：春天是可爱的——（春天在实际生活上是很不愉快的）——暮春是最愉快的——（东洋人认为暮春是感伤的）——东西洋文化对春的观念是不同的 。

活动三：

表格内容：①春花图，②春风图，③春雨图，④善于通过多种感官、以画面形式描绘春景，⑤主要以对春天的不同感受为线索表达对春天的印象。

示例1：更喜欢丰子恺一文，主要以对春天的不同感受为线索，表达对春天的印象，更强调内心的主观感受。

示例2：更喜欢朱自清一文，从不同感官深入体验、细腻描写春草、春雨、春鸟等，渲染出朝气蓬勃的春景图，在春色烂漫的图画中赞美了春天特有的生机。

学习拓展

《春》借描写春天，进而从文化上道出东西方的差异;《惜春》却不写春天，而是感叹要“惜时光”，抒发人生感慨；漫画以两位孩童浇灌春草春柳的行动表达对春天的热爱。从二文及漫画可见，丰子恺善于在春天这样常有的生活与自然景象中，体察深刻意蕴，巧妙成文，是一个敏于自然、热爱生活、思考深刻的人;《春》中道出对春的真实感受,《惜春》写暑假蹉跎时光的段落，都可见其率真坦率的性情。

第2课 学画

活动一：①答应“能”画。②十分后悔，不会画却被威严吓得答应，心头发一阵闷，有苦说不出。③置之不答。④十分矛盾，不答应怕伤体面，答应又不能兑现。

现在回忆起来，已经不再有当时那种感受了。作者把当时不会画但碍于先生的威严、同学与大人面前的虚荣而硬充门面的尴尬痛苦写得很传神，毫不掩饰，以自嘲的语气回忆，反而当作了一段极其可贵难忘的经历，倍感珍惜。

活动二：丰子恺后来绘画造诣高，以及鲁迅热爱版画、设计封面等，都离不开童年学画奠定的兴趣爱好和素养基础。可见童年一些不起眼的爱好，一些看似寻常的经历，也许会对未来的成长产生较大的影响。

学习拓展：略。

第3课 缘缘堂

活动一:(1) 主要回忆其房间陈设，“历历地看见各个房间中的陈设”，表现了对其“十分稔熟”。(2) 运用细节，如“儿女们曾统计过，我家共有一百二十五只抽斗”。

活动二:(1) 为失去房屋而难过。(2) 为日军暴行而愤慨。(3) 为保全家人生命而豁达。

学习拓展：略。

第4课 启蒙

活动一：印出来的形象很好看，内心充满好奇和愉悦；筹集买齐各种模型，富有满足感、成就感；学做印模，不怕失败，敢于挑战，勇于探索。

活动二：①购买齐全各种模型，继而涂色粉饰，后来用黏土、洋蜡烛试制。②丰子恺童年玩过的印模、鲁迅集藏过的图画书，给童年生活带来美好的艺术享受，都对他们在美术方面的成就产生了重要影响，部分产生了启蒙作用，因此，我们不可小视童年活动。

学习拓展

无论是先生还是母亲，如果在模型方面表现出浓厚的兴趣、天赋，当予以鼓励支持，但如果只是玩耍消磨时光则需矫枉过正。

第5课 阿庆

活动一：不多余。青年学琴不成腔调却怨怪琴不好，用来反衬阿庆寄托生活情趣于琴，是用心用情演奏，是真正的琴人合一。

活动二：拉琴成为阿庆重要的精神生活，以支撑他乐观丰盈地生活下去。(1) 阿庆孑然无家，以拉琴慰藉孤身的单调生活。(2) 物质生活贫苦，以拉琴丰富精神生活，寄托生活乐趣。

活动三：阿庆以普通的胡琴奏出非同寻常的音乐，在于他以自己的双手勤于劳作独立生活，以痴迷的热爱沉醉于拉琴的乐趣，以纯朴的心灵感受物质匮乏的艰辛和拉琴带来的精神的丰盈，在深厚的生活体验中悟出了胡琴中的人生，这是别人学不来的。

学习拓展

示例：我倾向于阿庆的人生。虽然孤独贫苦，但自己也要以独立的人格尊严坚强地生活，自寻生活的乐趣，把穷苦的生活过得不潦倒，有滋有味。

第6课　人力车夫

活动一：都是出于社会底层的人力车夫，靠出卖自己的力气挣扎在生存的边缘，艰难而困苦；都得不到主顾的同情，不肯多给一个铜板。车夫的遭遇，是社会现实的一个缩影，文章以车夫的命运间接反映了社会现实中底层人民在生存边缘艰难的挣扎，作品是对社会现实的有力控诉。

学习拓展

不是这样的。作者以这样的视角，巧妙地观察并以文字反映车夫的生存处境，构思巧妙，且诉诸文字，体现了作者对底层劳动人民抱有深切的同情，对不公平社会现实强烈愤慨。

第7课　陋巷

活动一：三次去陋巷听M先生谈话，第三次终于获得启示，明白了自己“异常苦闷”的原因，得到思想解脱，顿感轻松愉悦。

活动二：陋巷是M先生的居所，也是作者三次前往的地方；M先生身居陋巷却乐观坚毅、释然彻悟、洞明豁达，居所之陋反衬了其思想的不陋，安贫乐道。

活动三：按M先生所言，“我的母亲已死了三年多”让“我”深感社会的“无常”，其实亲人的生老病死就是生活的“常”，必须面对。只是这种面对是要历经痛苦的，如“我”“堕落”“颓唐”“彷徨”了三年；但是真正如M先生一样身居陋巷却能“照旧孑然一身地隐居在那陋巷的老屋里”“两眼照旧描着坚致有力的线而炯炯发光”“谈笑声照旧愉快”，却是不容易做到的。

M先生在启发“我”的同时，也以自己平常淡薄的陋巷生活在践行着对生活的感悟。

学习拓展

刘禹锡安居陋室，追求的是安贫乐道的人生志趣；而乔布斯的极简生活体现的是对生活美学的追求，是在生活方式上对“术”的体现。

第8课　母亲

活动一：本文运用多线索：(1) 以时间为线索，从四岁、九岁、十七岁、廿二岁、三十岁到三十三岁，以时间为顺序回忆母亲，条理清楚，推动情节发展。(2) 以母亲的形象“严肃的光辉”“慈爱的笑容”为线索，贯穿于不同的年龄段，回忆了对母亲的深刻记忆。

活动二：重复出现“严肃的光辉”“慈爱的笑容”8次，成为全文母亲形象的关键词，在生活上慈母般地照顾关心我，在做人上学业上严父般训诲、勉励，这一形象（印象）贯穿各个年龄段，鲜明地塑造了母亲的“严父慈母”形象。

活动三：按时间顺序写，事件脉络清晰；作为回忆母亲的文章，从幼时写到母亲去世，对母亲的回忆贯穿我的人生，体现了母亲对我人生不可磨灭的影响，表达了对母亲深切的怀念和崇敬之情。

学习拓展

丰子恺侧重回忆母亲“慈爱的笑容”“严肃的光辉”的形象，“以一身任严父慈母之职而训诲我抚养我”成长；而朱德的选文侧重写母亲思想上深明大义，突出对我走上革命道路的影响，对我从事革命事业的无私支持。这样的写法，符合丰子恺作为一名画家和朱德作为一名革命家的身份。

第9课　视界

活动一：绘画运用造型艺术，对兰花的美进行了形象的再造，是一种审美的表达，就如作者一样，经过了绘画的熏陶之后再看兰花，就会以一种审美的经验去观赏，获得不同于之前的感受，这也说明艺术获得不同于生活，它源于生活而高于生活。

活动二：与“凡物一入画中便会美起来”异曲同工。上文论述凡物一旦进入艺术的表现形式之中，便会引导人以非功利的、审美的眼光欣赏，发现其超越实用、真实层面的艺术之美。

学习拓展

相同：采摘菊花。不同：花农采菊是为了售卖，获取经济利益，是生产行为，是实用目的。而陶渊明采菊，是为了寄托隐逸情怀，表达闲适自在、悠然旷远的心情，追求精神体验。

第10课　独揽梅花扫腊雪

活动一：可用文中的音乐七个符号。

活动二：略。

学习拓展：略。

第11课　肉腿

活动一：心情不快（天气热，想起写生的悠闲）；惊奇（运河两岸壮观的踏水车情景）；惊叹（想要人与自然剧烈的抗争）；不快（自己旅行太舒服，都会生活的悠闲）

活动二：主要是表达作者看到农人用尽气力踏水车时的惊奇、赞叹之情。

活动三：把两种画面进行对比，具有强烈的反差作用，给读者留下自由评判感悟的空间。

第12课 桐庐负暄

活动一：浙江汤溪。

活动二：石门湾—悦鸿村—塘栖—拱宸桥—南山路—六和塔—富阳—桐庐—兰溪

活动三：略。

学习拓展：略。

第13课 参观江西革命根据地随笔

活动一：略。

活动二：略。

活动三：文中的细节很多。他们主动挨饿、挨冻，冒着生命危险支援红军。

学习拓展：略。

第14课 雷声的伴奏

活动一：略。

活动二：

（B）

（C）

（D）

（A）

活动三：木管乐器（　B　F　　　）铜管乐器（　C　H　　　　）

打击乐器（　D　G　　　　）弦乐器（　A　E　　　　）

学习拓展

音乐进行时加进了定音鼓的滚奏和吊镲的敲击声，好像真的是风雨交加、雷鸣电闪。一方面是雷雨交加，另一方面是优美舒展的音乐。作曲家意在表现尽管天公不作美，但跳舞的人们依然沉浸在欢快愉悦的舞蹈之中。

第15课　我与弘一法师

活动一：物质生活、精神生活、灵魂生活。

活动二：

王国维在其著作《人间词话》中写道：古今之成大事业、大学问者，必经过三种之境界。

第一境界：昨夜西风凋碧树。独上高楼，望尽天涯路。

第二境界：衣带渐宽终不悔，为伊消得人憔悴。

第三境界：众里寻他千百度，蓦然回首，那人却在，灯火阑珊处。

大致意思：第一句，求学的第一步，是说必须站得高，看得远，选定自己的奋斗目标。第二句，在认定自己的奋斗目标之后，为实现自己的目标而拼搏，即使衣带宽了，人渐瘦了，也始终不后悔。第三句，在千百次地寻求知识之后，回过头来一看，忽然发现自己为之奋斗的目标就在眼前了，成功正在向你微笑。

学习拓展：略。

第16课 湖畔夜饮

活动一：(1) 反复，表明等待故友来访的急切心情。(2) 照应前文加倍还账的内容，凸显CT的憨厚率真。

活动二：不可删。(1) 酒逢知己，“话旧”本是与CT共饮的美味酒肴。(2) 旧事里同事故友的真挚情谊，为文章增添人情之美。(3) 用漫画式的幽默将CT的憨厚率真刻画得惟妙惟肖，丰满了CT的形象。(4) 忆旧中的人事沧桑的况味符合全文旨意。

活动三：①半生漂泊，身经浩劫，知交零落，能得故友重逢，畅饮话旧，悲喜交集；

②人到中年，喜看孩童成年，伤自己韶华已逝，半甜半苦；

③老友天涯比邻，往事历历，亲情友情温暖了心田，温暖了人生，又是一般暖滋味；

④湖月花影，微雨诗酒，安静从容里道出了人生真味。

学习拓展：略。

第17课 胜利还乡记

活动一：(1) 寺弄本是石门湾最繁华的所在，如今极尽凄凉；(2) 流亡归来的丰子恺已不认识故乡的人；(3) 所遇见的故人已胡须皆白，苍老很多；(4)“缘缘堂”已成废墟。

活动二：略。

活动三：抗战胜利后，丰子恺回到了阔别十年的故乡。由于饱受战火蹂躏，故乡已是面目全非，劫后余生的故人也相对如梦寐。丰子恺故居缘缘堂，笼罩着一片蔓草荒烟，让人生发荆棘铜驼之感。丰子恺在凭吊中是对故园的缅怀和纪念，是一种家国情怀。

学习拓展：略。

第18课　乡愁与艺术

活动一：(1)艺术来源于情感（乡愁），情感（乡愁）是艺术诞生的机缘；(2)艺术作品反过来起到安慰情感（乡愁）的功效，可以提升和净化情感（乡愁）。

活动二：乡愁，其实并非实际地企求归复故乡而不得，而发生的愁。这是一种渺然的、淡然的、不知不觉地笼罩人心的愁绪。处于飘泊的境遇的人，往往多生感触，感触多则生愁绪；乡愁，刚中有柔，柔中有刚，英雄的一面是儿女，儿女的一面是英雄。例如英吉利的生活，是酿成罗赛蒂的怀古的、幻想的乡愁的。倘使他没有这种不可抑制的乡愁，他的浪漫主义一定不会有这样的实感；生活在法兰西，以法兰西人为父亲，而又具有波兰人的血统，波兰人气质，以波兰人为母亲，就使肖邦感念自己的身世，酿成许多乡愁的块垒在胸中，发泄而为那种幽美的、热情的、感伤的音乐。

学习拓展：略。

第19课　歌唱祖国

活动一：

比较音乐要素	《祖国进行曲》	《歌唱祖国》
节拍	进行曲节拍，4/4拍	进行曲节拍，2/4拍
节奏	节奏均匀，铿锵有力	节奏均匀，稍快
力度	强有力	强，雄壮豪迈
速度	进行曲速度	进行曲速度，稍快
旋律	以55开头	以55开头，第二部分旋律优美舒缓

活动二：略。

学习拓展

苏俄歌曲具有人民战斗的内容：明朗、有力、引人深思而又流利易唱，民族色彩鲜明，爱国主义情感浓厚，其歌曲的主题内容与政治现实内容密切结合，对我国音乐团体的音乐创作及中国新音乐的发展都有着积极的启发意义。中国产生了众多革命音乐家，创作了大量具有爱国主义色彩的革命歌曲，这些歌曲的歌声响彻全国。

第20课 不朽的音乐家

活动一：

葬礼进行曲

速度	力度	情绪
慢板	由弱到强	悲哀、悲伤、沉重

活动二：略。

学习拓展

肖邦被人们尊称为柔情的钢琴诗人，但那柔情的背后是一颗永远也无法泯灭的爱国之心。因此舒曼称他的音乐像“藏在花丛中的一尊大炮”。贝多芬是维也纳古典乐派的重要代表人物之一，他的音乐作品具有鲜明的个性和时代特征。在音乐艺术、音乐内容及曲式结构上都有许多创新和发展。贝多芬的艺术创作，集中和发展了欧洲古典音乐的精华，也开辟了欧洲浪漫主义音乐的道路。丰子恺评论贝多芬是英雄的贝多芬、狂徒的贝多芬、苦恼的贝多芬。

第21课 丰子恺的书法（二）

活动一：中宫紧凑，主笔突出，笔画穿插揖让得当，空间分布疏密有致。

活动二：两幅作品中的用笔精妙，长线条和短线条的搭配运用，使得文字结构疏密得当，在章法上留出空白，形成“疏可走马、密不透风”的审美体验。如“新”和“脚”，“村”和“蜂”字的竖笔拉长，增强了视觉冲击力和行笔的跌宕感，充满了节奏感和韵律美。

活动三：丰子恺的书法艺术天真烂漫，古朴纯正，品读他的书法作品不仅给人带来艺术审美体验，更能从文字间感悟他丰富的内心情感世界。通过以上两幅作品，我们能够感受丰子恺的天真活泼与精神奕奕，对生活、自然和家国充满热爱。“书为心画”，用书法艺术抒情达意，欣赏丰子恺的书法艺术正是美育重要实践。

学习拓展：略。

第22课　中举人

活动一：报事者到家——举人接诰封——插“金花”——报事人写报单——举行“开贺”

活动二：相同：刚听到中举的消息都感到难以置信，认为是玩笑话或瞎说。不同：“父亲”：1.表现得非常淡定，有条不紊地进行一系列的仪式；2.“是最后一科，所以不得会试，没有官做，只得在家里设塾授徒”，因而生活没有大的改变；3.了却了“祖母坟头上立旗杆”的心愿。范进：1.消息确定后过于激动，先晕倒后发疯，被打醒后才正常；2.最终做了官，改善了生活状况；3.在人情往复中，极尽谄媚之态，见地主豪绅便尽力拉拢巴结，谄谀逢迎。

学习拓展：略。

第23课　癞六伯

活动一：癞六伯，因头上有许多癞疮疤而得名，是一个五十多岁年纪，身材瘦小、孑然一身的农民。他自耕自食，生活清贫，性格本分老实，待人和善有爱心，喜欢喝“时酒”，酒后会“骂人”，以泄心中愤懑。

活动二：示例：送别/碧溪含烟小桥陈，犬吠渐近切莫追。杨柳依依今又绿，期盼童子尽早归。

活动三：示例：正方：令人羡慕。理由：癞六伯的生活虽清贫，却是自己劳动所得，且为人老实厚道，不占别人便宜，所以他的内心是踏实的。反方：不令人羡慕。理由：1.癞六伯孑然一身，非常孤独，渴望有人陪伴；2.癞六伯喜欢喝酒，且喝酒后必骂人，可见他内心苦闷，只能在酒后得以短暂逃避和宣泄。

学习拓展

示例：且说癞六伯喝时酒，喝到饱和程度，还了酒钱，提着篮子起身回家了。此时他头上的癞疮疤变成通红，走步有些摇摇晃晃，走到桥上，刚想张嘴骂人，却见老王推着板车艰难地上桥，那沉重的脚步声恍惚间透露着他的不幸。蓦地，老王感觉板车轻省了许多，正在不解的当儿，六一公公的声音传来，"老王，我帮上你一把啊！""这可怎么敢当？"老王一下不知所措了。

阿长提着篮子过桥去买菜，冲着癞六伯笑道："今早时酒喝好，还没骂人嘛！"癞六伯一时语塞，六一公公接口道："莫要骂了，骂来骂去，也没得意思。"还不忘腾出手来，抓一把豆子塞进癞六伯的篮子里。癞六伯看看篮子里的豆子，又看看已经过了桥的几人，叹息着，脚步沉重地向家走去。

第24课　文学中的远近法

活动一：远近法原理除了透视法线稿的透视图法，还有颜色深浅表现的远近感，这个方法称为空气远近法。人类的眼睛会觉得红色、黄色等暖色系是比较靠近自己的，与之相反，蓝色、灰色等冷色系看起来是在远处。

如图：左侧及右下角的景物为近处的景物，有山、有树、有花，看起来轮廓较清晰主色鲜明；景物愈远，就会渐渐变得模糊且带有淡淡的灰色调，画面中间部分为中景，就只能看见山的轮廓和隐约的树；画面的顶端为远景，只能看到隐约的山，朦朦胧胧，大体为灰色调，使观者一看就知道距离很远。

活动二：第一组“野旷天低树”：旷野无垠，放眼望去，远处的天空显得比近处的树木还要低。天空当然比树要高得多，但根据远近法的规律，天空和树木都在诗人的视线之上，天空比树木的距离更远，因此在画面中显得天空更低。诗句巧妙地运用了远近法的特点，生动传神地体现并突出了空间的广袤，“低”和“旷”是相互依存、相互映衬的。“天河入户低”：天上的银河低垂，仿佛要从门户中流入。诗人的视线是在近处的门户上，用以说明浩渺广阔的银河看起来显得很小，仿佛能从近处的看起来很大的门户中进来；同时，银河虽然在视线上方，但由于遥远也显得低垂，这样写使景物的描写极具画面感。

第二组

“黄河远上白云间”，黄河仿佛向白云间奔流而去。诗句利用远近法的原理，黄河在视线下方，黄河的尽头放在画面上的位置偏高。同理，白云在视线上方，视野尽头的白云在画面中的位置就偏低，营造出黄河宛若连接在白云之上的奇景，体现了视野的开阔。

“惟见长江天际流”，诗人只看见滚滚长江向天际奔流。根据远近法的原理，长江在诗人的视线之下，同时由于滚滚长江奔腾之远，江的尽头放在画面上的位置比较高。而天空在视线上方，遥远的天际则显得比较低，使长江看上去仿佛是流向了天际。

活动三：略。

学习拓展

“明月松间照，清泉石上流”，这两句诗描绘了明月映照着幽静的松林之间，清澈的泉水在山石上淙淙流淌。它像一幅清新秀丽的山水画，使读者产生画面感，体现了王维诗中有画的创作特点。

“落霞与孤鹜齐飞，秋水共长天一色”，这是王勃的《滕王阁序》中的经典名句，本句首先是色彩美。夕阳之下，晚霞绚烂耀眼，水天一色；其次是动态美。孤鹜是在“飞”的，云霞是在“落”的，这分明是一幅流动着的美丽图画。一动一静，以动衬静。上句侧重于目随景而动，突出景物神态；下句侧重于心因景而静，突出景物色彩。诗中有画，画面和谐，美不胜收。“云间东岭千寻出，树里南湖一片明”，这两句诗描绘出一幅绝妙的美景，写东岭千寻出云间，突出其高耸挺拔，同时既写出了东岭的巍峨，又写出了云雾的缭绕变幻，山借云高，云倚山媚。写南湖则抓住光线、色彩的特征，树是阴绿色，而湖在阳光下则是光亮色，两相映衬，树显得更加苍绿，而南湖更显得一片光明。诗中有画，使读者仿佛置身画中，赏心悦目。

第25课 艺术创作与鉴赏

活动一：鉴赏者对文学作品，先由理智的工具会通了意义。第二个过程使这意义的情景浮现在眼前，在心中造成了一个心象，于是也无意识地感到作者最初心中生起的高远的思想感情。举例：如果按照五言绝诗的自然的平仄声规则来鉴赏，如：又“萼”字和“落”字同母音，读的时候使人感到韵律的美。细玩起来，“芙蓉”“红萼”“纷纷”等字都富于音乐的要素，所以读时便感到愉快。从而想象到在荒山中自开自落的花的情状。再深入一步，诗的美又不仅在乎音节和眼前浮现的光景上。作者见了芙蓉在荒山中开颜发艳，无人欣赏而自开自落，联想到世间的埋没的哲人，或不求人知的高士，或隐于贫贱的，或盛年处空房的美人。从而心生悲悯。

活动二：略。

学习拓展：略。

第26课 比喻

活动一：①姑娘的容颜/舜华（木槿花）/化抽象为具体，赞美了女子容颜的美丽和品德的美好。② 忧愁/一江春水/化抽象为具体，表达现出愁恨的悠长远久。③水，山/美人流动的眼波和蹙起的眉毛/表达了作者对朋友的依依惜别与深情。④国家、个人命运/狂风中的柳絮、骤雨中的浮萍/化抽象为具体，表达了作者面对亡国的悲愤、痛苦和迷茫。⑤雪/梨花/表现出雪景的奇丽。

活动二：示例：①我更喜欢《论语》,《论语》中的比喻句句式工整简洁，长短句结合，形式多为“本体＋喻词＋喻体”，喻体为事物。例如“逝者如斯夫，不舍昼夜”中，运用比喻，将时间比作流水，生动形象地表现出了时光易逝，韶华难得，化抽象为具体，告诫人们要珍惜时间。②我更喜欢《孟子》。《孟子》中的比喻句“多且巧”，多以事件为喻体。例如节选(1)，运用多重比喻，将天上的雨水比作君泽，将地上的流水比作民心，生动形象地表现出得民心者得天下，君主要实行仁政，不暴虐嗜杀。语言富有趣味性，运用巧妙。

学习拓展：略。

第27课　丰子恺讲西方建筑艺术

活动一：

建筑艺术	著名的建筑作品	文史时期
坟的艺术	金字塔	埃及时代
殿的艺术	神殿	希腊时代
寺的艺术	米兰大教堂	中世时代
宫的艺术	凡尔赛宫	近代
店的艺术	纽约帝国大厦	现代

活动二：

A.伊奥尼亚式　B.可林德式　C.独利亚式

第28课　实用工艺与美感

活动一：

图1中外国牛奶壶，口上长出荷花边形的缺口，倒起来很利便；柄的

弯度适合手指的位置，拿起来又自然；长身细腰的形又好看。外国的剪刀，插指的两洞孔高低不齐，适合大指与食指及中指的位置，而每个洞孔内，又依手指的方向而作角度不同的斜面，手指套在洞孔内感到舒服。一方面参差的形，变化的线与面，又非常好看，这也可说是优良的实用品实例。还有一种纸盒子或烟匣子，长方形而扁薄，弯成瓦形。弯弯的曲线既好看，展开的形象更加美观，放在衣袋中又适合身体的弯度，贴切而舒适。

图2中甲的样子是法国产的酒瓶，形状颜色的优美，自然使人满足，然而一则过于求形状的秀长，瓶底太小，颇不稳当，二则瓶的容量究竟太小，实用上总觉得不便。乙的样子是我们这里使用，全无装饰的冬瓜似的红泥瓶，用以盛酱油或酒，取其容量大而价钱巧。这两种酒瓶，可说是趣味与实用的两种极端。

活动二：

景泰蓝、象牙是贵重的材料，但并非无论何物用这等材料就好。景泰蓝适合做瓶，象牙适合做装饰品，但如果做碗，做筷子，材料不适当而又无理。材料决不是只要贵重就好的。如木制的筷子，材料虽平常，然因适当，故用时有快适之感。

学习拓展

日本式（1.2.3）、西洋式（4.5）、中国旧式（6）、中国制新式（7.8 .9. 10.11.12）

日本式形状简单，图案质朴，自有一种日本风味；

西洋式形状与图案均简单，也自有一种西洋风；

中国旧式形状玲珑复杂，图案华丽而工细，也自有一种中国风；

中国制新式或日本替中国制的，或取复杂的曲线形，鲜艳而幼稚的图案，或绘细致的风景。图9是江北碗，形与图案均古朴可喜，不过质料粗一点。图10是新式瓷器中最好的形式，是陈列或静物写生的好材料。茶壶之中，不是像图11的奇形而奇色，就是像图12的只顾实用。

第29课 抗战漫画

活动一：

丰子恺先生抗战漫画特点：

战争极大地引发了人们对于生命的思考，在流亡途中，丰子恺先生看到了许多的惨景，他以敏锐的感知力创作出了很多打动人心的作品，揭露日本帝主义的罪行。

活动二：

作品中“炸弹”形象，揭露侵略者的罪行，为当时全民投入抗战，打击侵略者，起到了非常重要的激励作用。

学习拓展：略。

第30课 气韵生动说

活动一：

(荷兰) 霍贝玛《林间小路》：

霍贝玛作品采用固定一点的焦点透视，遵循自然真实，追求光色变化。

(北宋) 王希孟《千里江山图卷》：

王希孟作品讲究人在画中游，运用散点透视，远看、近看均可，崇尚气韵生动，讲究笔墨情趣。

活动二：

郭熙《早春图》主要景物都集中在了中轴线上，以全景式的高远、平远、深远进行了巧妙的结合，展现出了初春时节北方地区的高山气势以及生机勃勃的景象，在其细节之处十分用心，既和高山进行了呼应，又为观赏者营造出了可行、可塑、可游的境界，意境十分高远，构图布局十分的和谐，将冬天与春天的衔接、山间天气的变化描绘得可谓是淋漓尽致。

第31课 漫画描法（二）

活动一：

3-31-1：写实法

3-31-2：比喻法

3-31-3：假象法

3-31-4：点睛法

3-31-5：象征法

活动二：

丰子恺先生在作品3-31-2《教育》中运用了比喻法的创作方法，讽刺了一种教育现象即抹杀学生个性，磨平棱角，如同用模子生产出的产品。教育应该是因材施教，发展学生的个性创造。

学习拓展：略。

第32课 丰子恺漫画的艺术精神

活动一：描绘出儿童世界的纯真与浪漫，憧憬一个像童心世界那样纯洁善良的社会理想。

活动二：为人生而艺术。

活动三：体现对生命的礼赞。

学习拓展：略。

第33课 丰子恺心中的美丽西湖

活动一：

作品中描绘了西湖春游、西湖船、西湖美丽景致等。

活动二：

旧时代的西湖，只能看表面（山水风景），不能像内容（人事社会）。换言之，旧时代西湖的美只是形式美丽，而内容是丑恶不堪设想的。

学习拓展：略。

第34课　印象派的画家们

活动一：

据印象派画家看来，以前的画都不能说是真正的写实。真正写实，必须描出自然物一刹那间的现象。这现象由形与光二者造成，而光尤为重要。一切形态，皆因光的变化而显出。画的好坏不在于题材上，而在于自然物的光与色的描法上。

活动二：

依次为：①雷诺阿②毕沙罗③德加④西斯莱。

学习拓展

作品的共同点：

后期印象派更注重线条，强调“力”与“动”，体现出画家主观情绪。

第35课　“丰子恺之歌”泥塑与版画主题展

答案略。

第36课　唐代的绘画

活动一：B

活动二：A. 阎立本，B. 吴道子

活动三：A. 王维，B. 李思训

学习拓展：

唐	宋	元	明	清
画材的范围放大，遍取山水人物花鸟，使之入画，山水画独立。代表人物：吴道玄、李思训、王维	墨画注重渲染与皴法，设“翰林图画院”，院体画代表李唐、刘松年、马远、夏珪，国初有三家，即李成、范宽、董源	以山水为宗，四大家建立新体山水画，即黄公望、吴镇、倪瓒、王蒙，以及宋末的赵孟頫	明初“浙派”代表人物：戴进，周臣以及唐寅与仇英。明末吴派，即沈周、文徵明、董其昌	清初六大家，称为“四王、吴、恽”

第37课　文艺复兴的三杰争雄

活动一：米开朗基罗作品：其穹顶画气贯长虹的气势、深远博大的意境和匠心独运的构想，都奠定了米开朗基罗在画史上的地位。

活动二：拉斐尔的作品：拉斐尔的圣母像在造型上平和、静穆和庄严，形象概括简练；色彩含蓄、单纯而稳重，不以追求笔触效果为目的，色调柔和曼妙，过渡自然，体现了古典主义“美就是和谐”的理念。

学习拓展：略。

第38课　丰子恺小传

活动一：

时间（年月）	主要事件
1898年（清光绪二十四年）11月9日	生于浙江省崇德县石门湾（今桐乡市石门镇）
1906年~1907年	进私塾读书
1910年	读石门湾西溪小学
1914年	到杭州浙江省立第一师范学校读书
1919年	在上海专科师范任教

续表

时间（年月）	主要事件
1921年	赴日本留学
1922年	在浙江上虞白马湖春晖中学任教
1924年	到上海创办立达学园
1925年	出版第一本画集，也是中国的第一本漫画集
1926年~1937年	陆续出版画集《子恺画集》《护生画集》《学生漫画》《儿童漫画》《都会之音》《云霓》《人间相》等
1939年	到广西宜山浙大任教
1940年	在家专业著述
1960年	任上海中国画院院长
1975年9月15日	逝世

活动二：1.略。2. A→C→D→B

活动三：

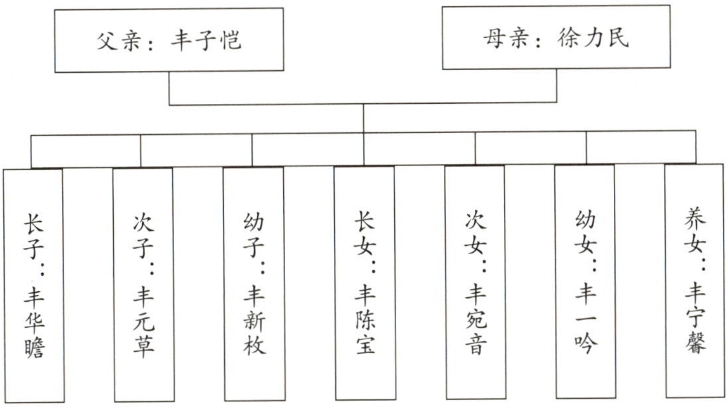

学习拓展：略。

第39课　丰子恺的朋友圈

活动一：李叔同：师生，让丰子恺决定学习艺术，启示丰子恺认真做人，做事，让他学会如何做一个像“人”的人。马一浮：半师半友，亦兄亦弟，马一浮给了丰子恺学术和艺术上的帮助，对丰子恺的作品给予客观评价，批评指点。鲁迅：知己朋友，丰子恺被鲁迅的文字所触动，让他在面对战火时始终不弃创作，誓为中国的革命与文化思想的解放而奋斗。

活动二：正如贝多芬所言，灵魂的相似是友谊的基础，鲁迅与丰子恺同生于浙江，受到同样的文化熏陶，有着相同的经历和志趣。他们都在以自己的方式为民族的解放而努力奋斗，这也使得他们的友谊根深蒂固；马一浮对丰子恺作品的评价有褒有贬，促使他不断进步，正是“以切磋之谊取友”的体现；李叔同用自己的亲身实践教会了丰子恺认真对事，如何做人，这是丰子恺一生宝贵的精神财富，正如托尔斯泰所说：“朋友是永久的财富。”

活动三：略。

学习拓展

例：俞平伯：中国著名散文家、红学家，新文学运动初期的诗人，中国白话诗创作的先驱者之一，丰子恺为俞平伯的诗集作过插画，俞平伯对丰子恺的画作高度赞美。两人志趣相投，是十分要好的挚友。夏丏尊：中国近现代文学家、语文学家、出版家和翻译家，夏丏尊是丰子恺的国文老师，对丰子恺影响颇深。丰子恺毕业后与夏丏尊也时时接近，多受教诲。林语堂：中国现代著名作家、学者、翻译家、语言学家，林语堂和丰子恺是艺术文化创作方面的好友，林语堂曾评价丰子恺的画是“人生漫画”，对他的作品评价极高。柯灵：中国电影理论家，剧作家，评论家，丰子恺逃难至桂林受人非议时，柯灵为他辩护，赞扬他是“可敬的战士”。两人在艺术上也是好友，柯灵常向丰子恺推荐一些优秀的画作。张乐平：中国当代漫画家，被誉为“三毛之父”，两人亦师亦友，同是卓越的漫画家；在“文革”时期，两人共受批斗，患难与共；是相见恨晚的知己朋友。钱君匋：装帧艺术的开拓者，中国当代的著名篆刻书画家，曾任西泠印社副社长，钱君匋是丰子恺的学生，关系密切，相处融洽。两人的设计思想十分接近，钱君匋在学习书法时，很受丰子恺的字的影响。

第40课　星河界里星河转

活动一：参考：自然境界：一个人做事，可能只是顺着他的本能或其社会的风俗习惯。就像小孩和原始人那样，他做他所做的事，然而并无觉解，或不甚觉解。这样，他所做的事，对于他就没有意义，或很少意义。功利境界：一个人可能意识到他自己，为自己而做各种事。这并不意味着他必然是不道德的人。他可以做些事，其后果有利于他人，其动机则是利己的。所以他所做的各种事，对于他，有功利的意义。道德境界：一个人有这样的觉解，这个社会是一个整体，他是这个整体的一部分。他就为社会的利益做各种事，他所做的都是符合严格的道德意义的道德行为。他所做的各种事都有道德的意义。天地境界：一个人可能了解到超乎社会整体之上，还有一个更大的整体，即宇宙。他不仅是社会的一员，同时还是宇宙的一员。他是社会组织的公民，同时还是孟子所说的“天民”。有这种觉解，他就为宇宙的利益而做各种事。他了解他所做的事的意义，自觉他正在做他所做的事。

丰子恺的作品经久不衰，国学大师俞平伯评价丰子恺说：“一片片的落英，都含蓄着人间的情味。”美学大师朱光潜赞他的画：有诗意，有谐趣，有悲天悯人的意味。林清玄也说：“从丰子恺那里，我学会了朴素。”

李叔同是丰子恺少年时期在浙江省立第一师范学校的音乐老师，丰子恺一生深受李叔同影响。1928年，丰子恺决定画50幅护生画为弘一法师50岁祝寿。而后，弘一法师写信给丰子恺予以重托，丰子恺则在复信中表示：“世寿所许，定当遵嘱。”10年后，丰子恺又在战火中完成了第二集的60幅。后来，弘一法师回信道：“希望在70岁时，收到第三集70幅，80岁时第四集80幅，90岁时第五集90幅，100岁时满百幅。”丰子恺应下了这个将绵延40年的诺言。1973年底，距弘一百岁还差6年时，丰子恺画完了《护生画集》第六集的100幅画。此时，距他画第一集，已经过去了45年。“世寿所许，定当遵嘱。”八字承诺，一许便是一生。这就是道德境界。

晚年的丰子恺，过得并不如意。他早年的漫画受到抨击，言论也被人刻意曲解，留了多年的长白胡须也被“咔擦”一刀剪断，被抄家，被隔离，种种磨难，而这时的他，已是古稀之年。他被下放到上海郊县农村劳动时，已经白发苍苍，他的住处，四面漏风，枕边尚有一捧雪。女儿丰一吟去看望他，顿时哭得不能自已。丰子恺说：“地当床，天当被，还有一河浜的洗脸水，取之不尽，用之不竭，是造物者之无尽藏也。”这就是天地境界。

活动二：略。

学习拓展：略。